"차트만 잘 봐도 월 천만원 번다"

패시브 인컴 시대의

가상자산
투자전략

Contents

- 추천사   6
- 프롤로그 | 가산자산 투자의 시대, 우리가 가져야 할 자세   8

Chapter 1   11
인터넷과 블록체인

01 / 인터넷과 블록체인 그리고 비트코인의 탄생   12

02 / 가상자산 시대로의 전환(DX. Digital Transformation)   15

03 / 패시브 인컴의 시대와 가상자산(DeFi와 NFT)   16

04 / 가상자산과 데이터 과학   17

Chapter 2   21
가상자산 투자와 트레이딩

01 / 기술적 분석 vs 기본적 분석   23

02 / 가상자산 vs 전통자산   25

03 / 가상자산과 전통시장과의 상관관계(Correlation)   27

04 / 첫 단추 잘 꿰기   32

05 / 차트분석 툴(Tool)	33
06 / 수익을 증폭시키는 선물거래	36
07 / 모의투자로 전략검증, 실력향상	40
08 / 투자의 핵심, 리스크 관리	43
09 / 칼 같은 손절가	45
10 / 리스크 프리(Risk-Free)	47
11 / 장대봉 혹은 큰 상승 = 수익실현의 신호	48
12 / 신중한 매매 플랜	50
13 / 매매 전 꼭 확인해야 할 체크리스트	51

Chapter 3   53
트레이딩 기초지식(Basic)

01 / 캔들	54
02 / 타임프레임(Timeframe)	56
03 / (가격/심리)지지와 저항(Resistance, Support)	58
04 / 마스터링 스평레벨(Mastering Horizontal Level)	61
05 / 추세선(Trendline)의 비밀	66
06 / 스윙 트레이딩(Swing Trading)	74

07 / 차트의 구조(Market Structure) 이해하기   76

08 / 세력의 매집(Accumulation/Distribution)   80

09 / 펀딩피(Funding fee)는 무엇인가   84

10 / 마스터링 다이버전스(Mastering Divergence)   89

Chapter 4   101
필스 기본 패턴(Essential Basic Patterns)

01 / 자주 출현하는 삼각수렴(Triangle)   102

02 / 쐐기(Wedge)의 이해와 응용   110

03 / 가장 활용도가 높은 채널(Channel)   117

04 / 강력한 피보나치(Fibonacci) 100% 활용법   123

05 / 흥미로운 Bump And Run Reversal bottom(BARR) 패턴   135

06 / 헤드앤숄더(Head and Shoulder) 패턴   139

07 / 파워풀한 하모닉 패턴(Hamonic Pattern)의 모든 것   143

Chapter 5   165
비밀 전략 노하우(Advanced Strategies)

01 / 오더블럭, Order Block(OB) 전략   166

02 / 차트의 꽃, SFP(Swing Failure Pattern) A to Z   172

03 / 필수로 봐양 할 CVD(Cumulative Volume Delta)　　186

04 / 나만 쓰는 피봇 포인트 (Pivot Point)　　190

05 / 스갤핑 매매에 도움이 되는 Liquidation Trading　　196

06 / CME Gap　　200

Chapter 6　　205
거래량의 비밀

01 / 거래량(Volume)의 모든 것　　206

02 / OBV(On Balance Volume)란?　　213

03 / 매우 강력한 VPVR(Volume Profile Visual Range)　　217

04 / VPFR(Volume Profile Fixed Range)의 비밀　　223

05 / 세션 볼륨(Session Volume) 완전정복　　233

06 / Naked POC　　237

07 / Anchored VWAP는 무엇인가　　239

Chapter 7　　245
마치며

Appendix　　249

추천사

투자로 성공했다는 사람들이 많다. 반대로 실패한 사람들은 더 많다. 투자에 성공한 사람들의 조언을 담은 책들이 시장에 넘치지만 그들이 결과적으로 그 시점까지 큰 수익을 낸 거지 그 과정 안에서 수없이 천당과 지옥을 경험했을 것이다. 그래서 단기적으로 내린 투자결정이 또 좋은 성과를 내리라 확신하기 어렵다. 그만큼 투자는 어렵다. 정말 어렵다.

시장에는 효율적 시장 가설과 비효율적 시장 가설이 존재한다. 어느 가설이 맞는지 판단하기 어렵다. 투자결정에 동원하고 싶은 온갖 이론들이 많지만 그것들을 이론적으로 설명하면 투자자들이 더 혼란에 빠질 수 있다.

아무튼 이 책은 투자자들에게 도움을 주고자 쓰여졌다. 저자가 실전을 통해 얻은 경험을 바탕으로 이 책을 썼다. 저자는 "이렇게 투자하면 성공한다"고 말하지 않는다. 피터 린치, 벤저민 그레이엄, 워렌 버핏의 책과 달리 저자는 투자에 필요한 분석 기술과 용어들에 대해 쉽게 설명하고 있을 뿐이다.

투자자들은 기본적분석(Fundamental Analysis) 또는 기술적분석(Technical Analysis)에 주로 의존한다. 이 책은 기술적분석에 사용되는 기술과 용어의 설명을 위해 각종 차트를 이용했다. 저자는 주로 트레이딩뷰(TradingView)라는 도구에서 생성된 차트를 이용하고 있다. 이 책의 많은 부분이 차트 사진들로 채워져서 독자들이 술술 읽을 수 있다. 한마디로 이 책은 트레이딩뷰나 엑소차트 등의 툴을 기반으로 기술적분석에 필요한 각종 전문용어들을 설명한다. 기술적분석을 하려면 이 용어들에 익숙해져야 한다. 기술적분석을 하지 않는다 해도 상식 차원에서 일

독하면 도움이 될 수 있다. 이 책은 기술적분석에 필요한 용어 해설서의 기능을 수행한다. 주식이든 암호화폐든 기술적분석 용어들은 동일하게 사용된다.

1판은 저자의 관점에서 꼭 필요하다고 본 용어들 위주로 편집되었다. 저자 중에 장민 박사는 포스텍 컴퓨터공학과에서 기계학습(Machine Learning)으로 2000년도에 박사학위를 받았고, 더존ICT그룹과 한컴그룹에서 임원으로 일했으며, 현재는 빌리빗의 대표를 맡고 있다. 저자가 이공계 출신인지라 군더더기 없이 핵심만 짚고 싶어하는 성향이 이 책에서 잘 드러나고 있다. 장민박사는 한국핀테크학회의 학술이사이자 포스텍 출신 크립토 벤처기업가들의 정신적 지주 역할을 수행하고 있다. 또한 1세대 크립토 기업가로 활동을 시작했고 빌리빗은 국내에서 최초로 코인을 담보로 대출상품을 선보였다. 그래서 정보통신 전문가 입장에서 기술적 분석의 용어에 담백하게 접근하고 있다.

바라기는 저자가 향후 2판, 3판 등 증보판을 만들어 용어들을 추가하고, 소개한 용어에 대한 심층적 함의를 담아주면 좋겠다. 즉, 독자들의 꾸준한 사랑을 받는 책이 되면 좋겠다. 이 역작을 준비하느라 애를 많이 쓴 저자의 노고를 치하하며 이 책을 기쁘게 추천한다. 이 책이 독자들의 투자나 시장 예측에 도움이 되기를 소망한다.

2022년 7월 13일
김형중
한국핀테크학회 회장
고려대 정보보호대학원 특임교수
고려대 암호화폐연구센터 센터장

프롤로그

가상자산 투자의 시대, 우리가 가져야 할 자세

세상은 기술, 경제, 금융 등 모든 영역이 새롭게 재구성되어 인류 역사의 큰 분기점을 맞이하고 있다. 그리고 그 중심에는 블록체인과 가상자산이 있다. 수년 전부터 시작된 가상자산의 열풍이 경제와 금융의 기조 변화를 반영한 트렌드의 시작이었다. 가상자산 트렌드의 중심에서 미래를 내다본 수많은 사람들은 일찍이 새로운 가치를 받아들이고 끊임없이 기회를 만들어내고 있다.

그리하여 본 책은 가상자산 매매 전략에 대해 설명한다. 세계 금융시장 속에서 가상 자산의 비중과 영향력이 커지고 있는 만큼 가상자산은 이제는 투기로서의 위험자산이라는 인식에서 벗어나 또 하나의 매력적인 투자 자산으로의 입지를 세워가고 있다. 기관 및 개인들의 관심이 높아지면서 가상 자산의 투자가 용이하도록 접근성과 편의성 또한 개선되고 있다.

2019년부터 MZ세대뿐만 아니라 다양한 연령층의 사람들이 가상자산에 투자를 하고 있음에도 아직까지도 소위 '묻지마' 식으로 하고 있다. 그래서 본 책을 통해 어떻게 하면 투자와 매매를 올바르게 할 수 있는지 알려주고 투자에 대해 스스로 점검하고 발전할 수 있도록 가이드라인을 제시해 주고자 한다. 앞으로의 미래에 가상자산은 전통 금융 시장뿐 아니라 우리 디지털화된 삶 속에 더 크게 자리 잡을 것이기 때문에 우리는 가상자산을 이해하고 투자하는 방법을 꼭 배우고 익혀야 한다.

본 책은 이미 잘 알려지고 쉽게 구할 수 있는 전략보다 더 실전적이고 펀더멘탈에 가까운 전략을 가감 없이 소개한다. 모든 차트의 전략들은 시장참여자들의 심리가 반영된 가격과 거래량이 기본 바탕이 된다. 이를 잘 파악하고 활용한다면 시장의 흐름에 자연스럽게 편승할 수 있게 된다. 책에 소개된 모든 전략들은 오랜 연구와 노하우를 반영한 결과이다. 잘 따라하다 보면 어렵지 않게 숙달할 수 있을 것이다.

투자시장에서 이기려면 확률적 사고를 해야 한다. 그러기 위해서는 승률이 높은 전략을 통한 매매를 반복해서 하다 보면 각 전략에 대한 이기는 확률을 자연스럽게 인지할 수 있게 된다. 시장은 항상 다수가 지는 구조로 형성이 되지만 이 책을 통해 배운 독자 분들께서는 이기는 소수가 되어 원하는 목표를 다 이루시기를 바란다.

Chapter 1

인터넷과 블록체인

01 / 인터넷과 블록체인 그리고 비트코인의 탄생

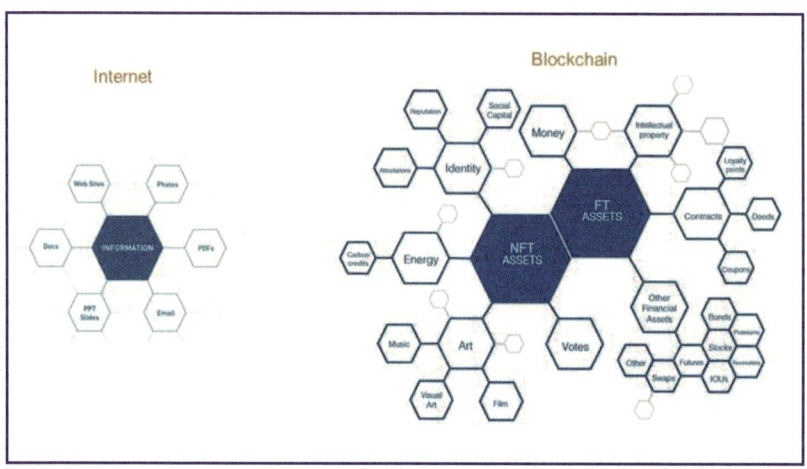

출처: www.energepack.org

　인터넷은 우리에게 데이터와 정보들을 값싸고 편리하고 빠르게 전달하는 도구이자 4차산업혁명의 가장 큰 인프라로서 큰 역할을 하고 있다. 특히, 스마트폰의 보급과 더불어 인터넷의 기능과 역할은 더욱 중요해지며 전 산업 분야로 확장되었고, 다양한 서비스와 응용 프로그램이 글로벌 시장에서 확산되고 있다. 우리가 현재 매일 사용하고 있는 모든 스마트폰 서비스는 인터넷에 연결되어 있고, 이 연결을 통해서 많은 소통(communication)과 거래(Transaction)들이 일어나고 있으며 이를 통한 부가 가치들이 생기고 있다. 가장 중요한 인터넷의 서비스로는 전자상거래와 금융서비스가 있을 수 있다. 이 서비스를 통해서 다양한 상품들을 거래할 수 있으며 지불과 결제를 통해서 돈이 전달되고 있다. 그러면 이런 인터넷을 통해서 우리는 완벽하고 안전한 서비스를 제공받고 있는 것일까?

이런 의문점은 실제로는 많은 사람들에게 보안과 안전의 문제에 대한 인식을 가져왔다. 또한, 플랫폼 기업들에 의한 정보의 독점과 횡포에 대한 해결책의 필요성을 인식하게 되었다. 또한, 개인정보와 지적 재산권의 침해, 그리고 정보의 무분별한 복사/배포를 통한 정보의 공해, 해킹과 파밍 등의 보안 이슈들에 대한 근본적인 해결책이 필요하게 되었다.

이러한 인터넷의 약점들을 보완하기 위한 다양한 노력들이 인터넷의 초기부터 일어났다. 데이비드 차움의 전자화폐 e-cash(1981년), 하버와 스트로네타의 블록 연결을 암호화하는 기법(1991년), 닉 자보의 스마트 계약의 응용가능성 논문(1996년) 등 많은 예들이, 이미 비트코인의 탄생 이전에 시도되고 있었다. 2008년 닉 자보는 비트골드라고 하는 작업증명을 이용한 사용자 퍼즐을 만들어서 비트코인의 창시자의 후보로서도 이름을 알리게 되었다. 이러한 많은 시도들을 통해서 2008년 10월 30일 사토시 나카모토(국적 불)가 비트코인 논문(Bitcoin : A Peer-to-peer electronics cash system)을 발표하고 약 2개월 뒤인 2009년 1월 3일에 비트코인 제네시스(Genesis) 블록이 생성되게 되었다.

인터넷과 다르게 블록체인은 가치의 전달 수단으로써 인터넷의 약점과 단점을 보완하는 제2의 인터넷으로 여겨지고 있다. 위 그림에서 보는 바와 같이 인터넷은 정보의 저렴하고 빠른 전송 수단으로 큰 장점을 가지고 있으나, 정보나 지식 그리고 소유의 가치를 전달하는 측면에서는 약점이 많다. 나카모토 사토시의 논문에서도 안전한 거래를 위한 개인간 거래 플랫폼으로서의 비트코인을 내세운 것도 바로 이런 이유이다. 또 한 가지는 플랫폼의 독식에 대한 폐해를 막기 위한 플랫폼으로서 블록체인의 가치가 있다. 비트코인 탄생의 배경에는 2004년 미국의 저금리 정책 종료에 따른 부동산 버블의 붕괴와 서브프라임 모기지론 사태로 인한 기업들의 부실화와 세계적인 신용경색에 따른 금융과 경제시장의 위기까지 이어지게 된 사태들로부터도 기인된 것이다. 결국 탈중앙화(Decentralized)된 화폐 경제 플랫폼의 필요성에 대한 강력한 표현이 비트코인의 출현이라고 할 수 있다.

블록체인에서는 가치의 인터넷(internet of value)이라고 하는 말에서 알 수 있듯이, 우리가 인터넷상에서 표현되어 전달할 수 있는, 소위 가치(가격을 매길 수 있는)가 있는 모든 것을 안전하고 투명하게 주고받을 수 있다. 가장 대표적인 것으로는 화폐(money)이며, 지적재산권, 계약서, 투표권, 예술품(미술, 음악, 영화 등), 부동산, 신원증명 등 인터넷에서 전송되고 거래되고 있는 가치 있는 권리를 주고받을 수 있는 플랫폼이라고 할 수 있다.

이러한 블록체인은 IT기술 특히 암호화와 정보 처리 기술의 발전에 기인하고 있다. 인터넷에 가치를 안전하게 저장, 보관, 관리, 전송하기 위하여 블록체인 기술은 많은 과학자와 엔지니어의 노력으로 매일 새롭게 보완되고 향상되고 있으며, 지금보다 더 나은 블록체인 기술들이 나올 것으로 예상된다.

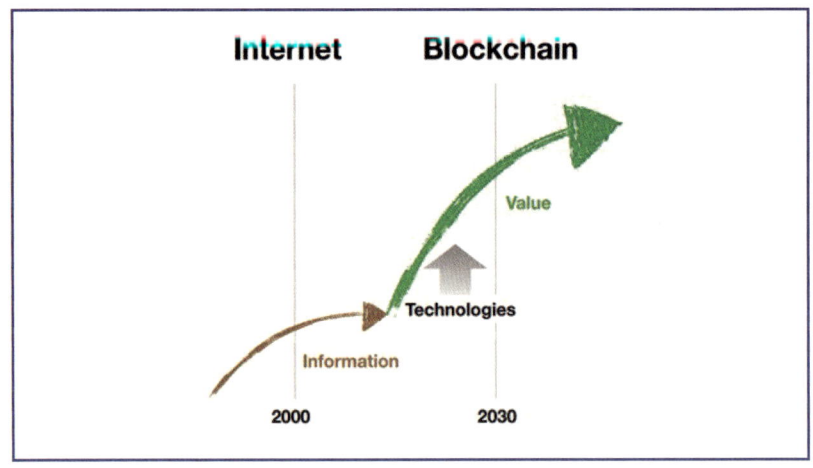

02 / 가상자산 시대로의 전환 (DX, Digital Transformation)

요즘은 디지털 전환(DX)의 시대라고 하며, 거의 모든 나라의 정부와 기업은 DX를 통한 변화와 혁신을 외치고 있다. DX를 하지 않는 정부와 기업은 경쟁력이 약해지며, 다가오는 디지털 세계에 적응하지 못해서 쇠퇴하게 될 것이다. 심지어는 개인들도 다양한 스마트 기기와 인터넷 서비스에 익숙해지면서 디지털 전환을 통한 자기 발전을 위해 노력하고 있다.

디지털 전환은 우리 삶의 다양한 분야에서 일어나고 있으며, 그 중에서도 금융은 특별히 우리의 경제생활과 밀접한 관계가 있다 보니, 인터넷과 IT기술의 도입과 적용이 매우 빠르게 일어나고 있다. 이미 한국에서는 인터넷 뱅킹(모바일 뱅킹 포함) 이용자가 2021년 기준으로 등록 고객수 1억 9천만명이 넘어섰고, 거래의 10건중 7건이 인터넷 뱅킹으로 일어나고 있다. 최근 들어서 화폐의 디지털 전환은 가상자산이란 이름으로 알려져 있다. 암호화폐, 가상화폐라는 이름으로도 알려져 있는데, 비트코인의 출현 이후에 다양한 형태와 기능을 가진 가상자산이 출현하고 있다. 이더리움의 출현 이후에 ERC20 형태의 가상자산(토큰)이 ICO(Initial Coin Offering)이란 이름으로 전세계적으로 발행되고 사용되었고, 이후에 다양한 변화를 거쳐서 현재 가상자산 시장이 형성되었다. 최근에는 NFT(Non Fungible Token)이라는 형태의 가상자산도 생겨서 더욱 다양한 기능을 가진 가상자산 거래 시장이 전세계적으로 형성되고 있다.

가상 자산의 출현에 따른 다양한 서비스도 동시에 출현하였는데, 가장 기본적인 가상자산의 거래를 위한 거래소(중앙화 & 탈중앙화), 금융상품(대출, 이자농사 등), 트레이딩 상품(선물, 옵션 등 파생상품) 등도 동시에 출현하여 기존 전통

시장과의 비슷하면서도 가상자산 시장의 특성을 반영한 금융 상품들이 나타나고 있다. 전통 금융시장과는 다른 것은 블록체인 기술과 탈중앙화의 특징 및 전세계의 24시간 365일 끊김이 없는 스피드하고 연속적인 특징을 가지고 있다.

03 / 패시브 인컴의 시대와 가상자산 (DeFi 와 NFT)

"잠자는 동안에도 돈이 들어오는 방법을 찾지 못 하면, 당신은 죽을 때까지 일을 해야 한다" [워랜버핏] 라는 말은 현재의 6-70대의 은퇴자뿐 아니라 20대의 MZ 세대에게도 동일한 의미를 가지고 있다. 앞으로는 사람의 평균연령이 90세가 된다고 하는 현재 50대에 속한 분들에게는 더욱 절실하게 다가오는 말이다.

출처:www.meltwater.com

조물주 위에 건물주라는 말은 소위 패시브인컴(Passive Income)라는 말로 표현된다. 당신이 잠자는 동안에도 돈을 벌어주는 플랫폼은 누구나 가지고 싶어한다. 부동산이 그 대표적인 패시브 인컴 플랫폼인데, 최근 가상자산 시대의 도래와 더불어 가상자산을 통한 패시브 인컴 플랫폼을 만드는 시도들이 일어나고 있다. 그 대표적인 예가 이자농사(Yield farming)이라는 말로 표현하는 DeFi(Decentralized Finance)와 NFT(Non Fungible Token)일 것이다. DeFi와 NFT를 가지고 안전하고 꾸준하게 자산을 증식시킬 수 있는 패시브 인컴 플랫폼으로 여길 수 있을까? 최근의 테라 루나 사태를 겪고 있는 상황이라면 조금 걱정이 될 수도 있을 것이다. 여기에는 시간이 좀 더 필요한데, 가상자산 자체가 가지고 있는 변동성과 불완전한 담보에 대한 확실한 해답이 나오기 전까지는 상당한 시간이 필요할 것으로 예상된다.

04 / 가상자산과 데이터 과학

가상자산은 본질적으로는 데이터이다. 결국 블록체인내의 블록에 쓰여져 있는 숫자에 불과하다는 것이다. 중요한 것은 자산의 이동(Transfer)과 거래(Transaction)이다. 가상자산이 의미가 있으려면 움직여야 한다. 이러한 움직임을 통해서 데이터가 생성되고, 데이터가 모이면 정보가 되며, 정보를 분류하고 분석하여 지식이 축적되며, 지식을 통찰과 결합하여 지혜를 얻게 되는 것이다. (아래 그림)

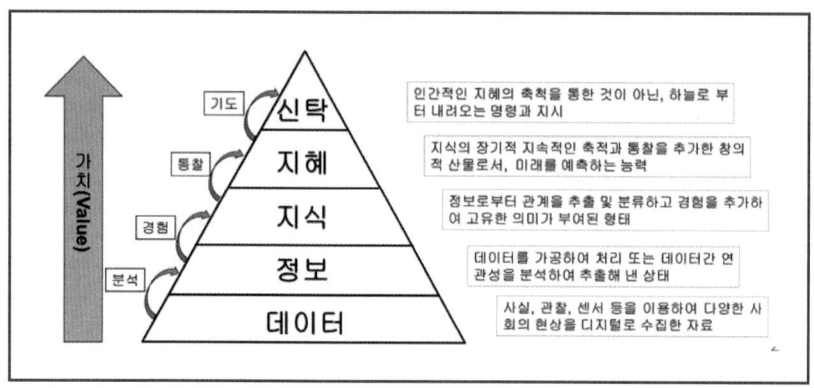

　가상자산은 최근 10년정도의 기간에 블록체인이라는 인프라에 쌓인 데이터이다. 쌓여진 데이터는 소위 데이터 과학이라는 학문을 통해서 좀더 예측 가능한 플랫폼 위에서 다양한 정보를 만들고 예측을 할 수 있게 된다. 컴퓨팅 성능의 발전과 딥러닝(Deep learning)등의 인공지능 알고리즘의 발달로 우리는 예전에 할 수 없었던 많은 일들을 할 수 있게 되었다. 가상자산은 새로운 디지털 전환(DX) 시대 (또는 메타버스)에 데이터 과학자들이 도전할 만한 좋은 테마를 제공한다.

　본 책에서도 다루고자 하는 내용인 가상자산의 트레이딩의 기본도 데이터 과학이다. 데이터로부터 정보를 추출하고, 정보로부터 지식과 지혜를 얻어 미래를 예측하는 플랫폼이 데이터 과학의 목표이다. 가상자산의 트레이딩을 잘 하는 방법은 가상자산의 특성을 이해하고 데이터 과학의 기초 실력을 튼튼하게 갖추는 것이다. 더불어, 이 책에 소개하게 될 다양한 자산 관리 기법과 매매 전략 노하우를 습득하여 미래 가상자산시대를 위한 패시브 인컴 플랫폼을 스스로 만들게 되길 바란다.

Chapter 2

가상자산 투자와 트레이딩

우리는 투자의 시대를 살아가고 있다. 투자를 하지 않으면 뒤처지고 있다는 불안감이 들 정도다. 어디에 투자를 하면 큰 수익을 낼 수 있을까 하고 한번쯤 다들 생각해보았을 것이다. 하지만 답을 내기는 쉽지 않다. 눈을 조금만 돌려도 투자를 할 수 있는 곳은 너무나도 많기 때문이다. 주식, 펀드, 채권, 외환, 비트코인, 부동산도 있고 전자제품, 의류, 신발 등 MZ세대를 중심으로 떠오르는 리셀(Resell) 시장 등 신흥 시장도 생겨나고 있다. 이들 가운데 시장참여자들에게 얼마나 균등한 기회를 제공하는가, 수익에 따른 리스크는 얼마나 되는가, 접근성은 좋은가, 정보는 얼마나 비대칭적인가 등의 기준에 따라 각자가 시장을 선택해 투자를 하게 된다.

주식과 가상자산은 누구에게나 대표적인 투자처이고 매력적인 시장으로 꼽힌다. 그 만큼 많은 사람들이 이 시장에서 투자를 하고 있고 관련 정보와 참고할 만한 지표들도 굉장히 많다. 하지만 그렇기 때문에 또한 쉽지 않은 시장이기도 하다. 어떤 투자전략이 현재 시장에 적용 가능한지, 그리고 본인에게도 맞는지 알기가 어렵기 때문이다. 그럼에도 이 시장이 매력적인 이유는 시장참여자들에게 리스크 대비 수익과 정보 및 접근성에서 꽤나 균등한 기회를 제공해주기 때문이다. 홍수와도 같이 많은 정보들 중에서 실제로 활용가능한 것들을 선별적으로 알 수만 있다면 승산이 있는 투자전략을 수립하고 실행할 수 있을 것이다. 그래서 이 책에 그에 맞는 좋은 전략과 정보들을 많이 담았다. 잘 살펴보고 투자에 대한 교과서로 삼을 수 있기를 기대한다.

필자는 2018년도에 첫 투자를 시작했다. 키움증권 HTS에서 소액으로 개인투자를 시작했고 처음에는 아무것도 모르다보니 무료로 정보를 주는 단체방에 들어가서 추천받은 종목을 샀다. 시작하자마자 바로 마이너스가 나서 두려운 마음에 바로 손절하고 나왔다. 이것이 첫 투자였다. 그리고 겁이 나서 일주일 동안 매매를 하지 못했다. 그러다가 한 유명 커뮤니티에서 차트분석만으로 수익을 내는 사람의 글을 우연히 보았고 그 때부터 차트분석을 공부하기 시작했다. 그렇게 차트분석의 가능성을 보았고 지금까지 많은 사람들에게 강의와 강연을 통해 전략을 공유하고 스스로 노하우도 꾸준히 정립해왔다.

이제까지 쌓은 노하우를 이 책에 담아보고자 한다. 시중의 상당히 많은 투자책보다 더 자세하고 실질적인 노하우가 담겨있다고 자신한다. 그렇기에 이 책을 보고 열심히 공부해서 나만의 전략과 투자원칙을 만들기 바란다. 고기를 잡아주는 것은 아무 유익이 없고 스스로 잡을 줄 알아야 한다. 이제부터 스스로 시장을 바라보고 판단할 수 있는 눈과 통찰력을 만들어보자.

01 / 기술적 분석 vs 기본적 분석

주식이나 가상자산 투자 등을 하게 되면 차트(Chart)라는 것을 보게 될 것이다. 어디서 매수하고 어디서 매도하는지를 차트를 통해 분석해서 매매를 할 수 있는 방법을 차트분석(기술적 분석)이라고 한다. 차트에는 과거부터 지금 현재까지의 가격의 흐름이 잘 기록되어 있다. 얼마나 많은 돈들이 어디서 어떻게 움직이는지 차트를 통해 확인할 수 있다. 언제 사람들이 많이 샀고 언제 많이 팔았는지도 알 수 있고 시장이 과열되고 있는지, 침체상태인지도 알 수 있다. 더 나아가 많은 시장참여자들이 시장을 바라보는 심리까지도 알 수 있다.

그리고 차트분석에서 중요한 것은 '패턴'이라고 불리는 것이 있다. 반복된 모양이 있으면 우리는 그것을 패턴이라고 부른다. 만약 현재 가격의 흐름이 과거의 비슷한 가격의 흐름의 패턴으로 나타나면 그 때의 움직임과 비슷하게 현재도 그렇게 움직일 수 있다는 것이 기본 아이디어이다. 이 패턴을 분석하게 되면서 그 동안 여러 수학적 통계를 기반으로 한 지표들이 개발되었고 사람들은 이 지표들을 활용하면서 인간의 불안한 감정을 최대한 제외하고 보다 객관적이고 이성적인 눈으로 관찰하고 분석할 수 있게 된다.

반면, 기술적 분석(차트분석)과 대비되는 분석법으로 기본적 분석이 있다. 보통 주식에서 차트 외적으로 재무제표를 보고 주가수익비율(PER), 자기자본수익률(ROE), 영업이익이나 부채비율, 실적 대비 저평가여부, 실질적인 수익사업의 현황 등을 매매분석의 근거자료로 삼는 것을 "기본적 분석"이라고 한다. 필자는 주로 차트를 활용해서 매매한다. 기본적 분석도 훌륭하지만 개인적으로 차트매매라고 하는 기술적 분석이 정말 강력한 도구라는 확신이 있다. 차트를 공부하고 분석할 수 있다면 주식이든 가상 자산이든 어떤 시장이든 적용할 수 있다.

시장참여자들은 개미투자자와 세력이라고 하는 큰 손들로 나눈다는 말은 많이들 들어봤을 것이다. 요즘은 개미들도 똑똑하다. 공부를 많이 해서 정말 예전 같지 않다. 하지만 안타깝게도 개미들의 지식수준이 높아지는 속도보다 시장의 난이도가 증가하는 속도는 더 빠르다. 그래도 우리는 계속 공부를 해야 한다. 그리고 현명한 방법으로 해야 한다. 어떻게 하면 세력들이 개미들의 돈을 털어먹는지, 그로부터 방어할 수 있는 방법은 무엇인지, 세력들과 같이 편승하는 방법은 무엇인지 차트의 흐름을 읽고 알아야 한다. 단순히 어떤 패턴만 안다고 해서 돈을 벌 수 있는 것은 아니다. 시장을 주도하는 세력들은 어떻게 개미들이 손절하고 익절하는지 다 꿰고 있다. 패턴이 들어맞는 너무 뻔한 자리라고 생각하면 반대로 진입하는 것이 오히려 더 돈 버는 확률이 높다는 말도 있을 정도로 시장은 어려워졌다. 덫(Trap)이 난무하고 속임수(Whipsaw)가 자주 발생하는 이 시장에서 더더욱 차트기술을 익히지 않으면 결국 소중한 돈을 지킬 수 없을 것이다.

그래서 이 책에서는 차트를 어떻게 분석하는지에 대해 설명할 것이다. 앞으로 차트를 공부하게 되면서 그 동안 몰랐던 것들을 알아가게 될 것이다. 한가지 당부드릴 것은, 한가지에만 꽂히지 않아야 한다. 숲을 보라는 말과 같이 차트도 먼저 큰 틀부터 알아야 하고 디테일한 부분들을 유연하게 잘 활용해야 한다. 자세한 것은 앞으로 계속 이야기를 하겠다.

02 / 가상자산 vs 전통자산

이 책에서는 가상자산에 초점을 맞춰서 설명할 것이다. 그 이유는 필자도 가상자산을 훨씬 더 많이 매매하고 있고 가상자산이 주식과 같은 전통자산과 비교했을 때 매매의 장점이 많다고 생각하고 그런 부분도 실제로 많이 있다.

흔히들 가상자산은 변동성이 크다고 이야기한다. 그래서 위험하고 기피해야 한다고 이야기하는 사람들도 많다. 매우 공감되는 말이다. 하지만 그로 인해 활용할 수 있는 장점도 있다. 먼저, 암호화폐라고도 불리는 가상자산들은 종류가 많다. 시가총액의 상당부분을 차지하고 있는 비트코인(Bitcoin)과 그 외 알트코인(Altcoin)으로 구분할 수 있는데 비트코인보다 알트코인의 변동성이 더 큰 편이다. 필자도 알트코인보다는 비트코인을 위주로 거래하고 있다. 비트코인만 하더라도 충분히 변동성이 크기 때문이다. 이 부분은 성향에 따라 다르다. 변동성이 커서 위험하다는 것은 리스크 관리를 통해 억제할 수 있다. 반대로 변동성이 커서 얻을 수 있는 이익은 헷지(Hedge)전략을 통해 안전하게 극대화할 수 있다.

가상자산은 일반적인 전통자산보다 변동성이 크기 때문에 반응이 상대적으로 즉각적이고 빠르다. 주식에서는 보통 10%의 이익을 내기 위해서는 1~2주 이상의 시간이 필요할 때가 많지만 가상자산에서는 거래만 잘한다면 그보다 훨씬 단기간에도 그 이상의 이익을 취할 때가 많다. 반응이 빠르다는 말은 매수할 수 있는 곳이 그만큼 빠르게 도래한다는 것을 말한다. 필자가 생각하는 좋은 매수기회도 하루에 평균 3~4번 이상이 생긴다. 그 만큼 많은 기회를 주는 시장이기도 하다. 또한 가상자산에는 특히나 SFP, Liquidation 등 추세가 반전되는 패턴들이 많이 일어나기 때문에 적절히 활용하면 매매에 도움이 된다. SFP나 Liquidation 등은 추후 전략편에서 설명하겠다.

또한 모두가 알다시피 비트코인은 24시간 매매되고 있다. 이러한 점이 누군가에게는 밤잠을 설치게 하는 요인으로 작용하지만 나름대로 원칙을 세워서 매매하는 사람들에게는 시간에 구애받지 않는 좋은 기회의 요소로 작용한다. 예를 들면 지구 반대편의 다른 나라에서 주식시장이 열리는 시간대는 가상자산 시장에 영향을 준다. 필자는 이것을 Session이라고 부른다. 대표적으로 New York Session, Asia Session, London Session이 있다. 보통 Asia Session은 하락세(Bearish)가 많고, New York Session은 신규 매수거래량이 유입되는 상승세(Bullish)가 많았다. 이러한 흐름을 어느 정도 알고 있다면 매매에 분명 도움이 될 것이다. 이 시간대별 차트를 템플릿화시켜서 보는 방법도 있다. 또는 나라별 Session이 아니라 하루 24시간을 거래량이 많고 적었던 시간대로 쪼개서 보는 Time Session으로도 구분할 수가 있다. 이렇게 각 Session별 특징을 잘 살려서 매매할 수 있는 시장이 가상자산 시장이다.

이 책은 가상자산에 특화된 차트분석법을 제공할 것이다. 그렇다고 주식이나 다른 차트에 사용하지 못하는 것은 아니다. 하지만 전략에 따라 전통시장에서 더 맞는 전략과 가상자산 시장에 더 잘 적용되는 전략이 있다는 차이점은 있다. 그래서 앞으로의 예시도 가상자산, 특히 비트코인 위주로 보여드리면서 설명을 하겠다.

03 / 가상자산과 전통시장과의 상관관계(Correlation)

비트코인은 전통시장과 상관관계가 형성되고 있다. 먼저 비트코인과 달러화와의 관계를 보자. 비트코인과 달러화는 실증적인 상관관계가 있다고 볼 수는 없지만 경험상 역의 관계로 움직이고 있다는 것을 차트를 통해 발견할 수 있다. 그도 그럴 것이, 달러화는 여러 자산군 중에 상대적으로 안전한 자산(특히 비트코인에 비해)이기 때문에 세계경제가 좋지 않을 때 많은 투자자들이 헷지의 수단으로 달러화를 가지고 있으려고 한다.

달러화의 가치가 하락할 때 비트코인의 가격이 상승했던 것은 수차례 사례를 통해 경험한 바 있다. 코로나 사태가 시작된 2020년 3월 이후에도 마찬가지고 그 후 같은 해 12월, 2021년 3월 등 추가적인 경기부양책으로 수천억에서 수조 달러의 재정을 풀었을 때 달러값은 하락했지만 비트코인의 가격은 상승했다. 또한 인플레이션의 발생으로 인해 달러를 헷지할 수단으로 비트코인의 역할이 커진 것이다.

아래 그림은 달러화의 가치를 나타낸 달러 인덱스(DXY)지수와 비트코인 가격 차트이다. 코로나 경기부양책으로 재정을 풀었을 시기에 달러화 가치의 감소, 반면 비트코인의 가격은 상승한 것을 보여준다.

● 달러 차트 ●

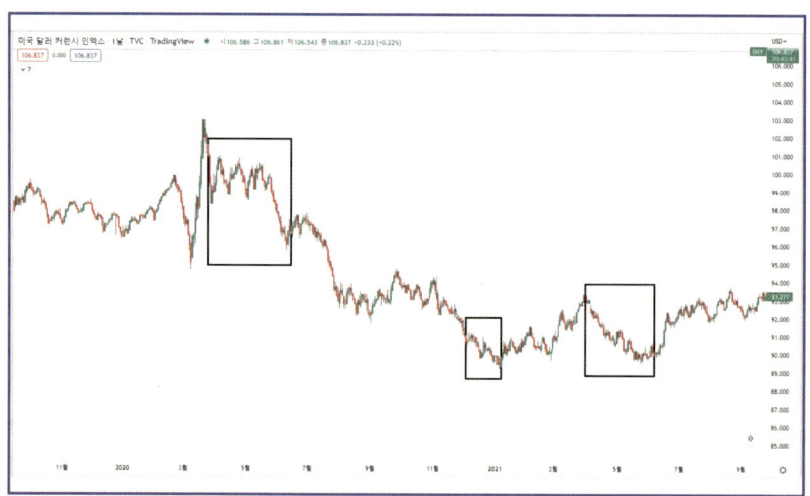

● 비트코인 차트 ●

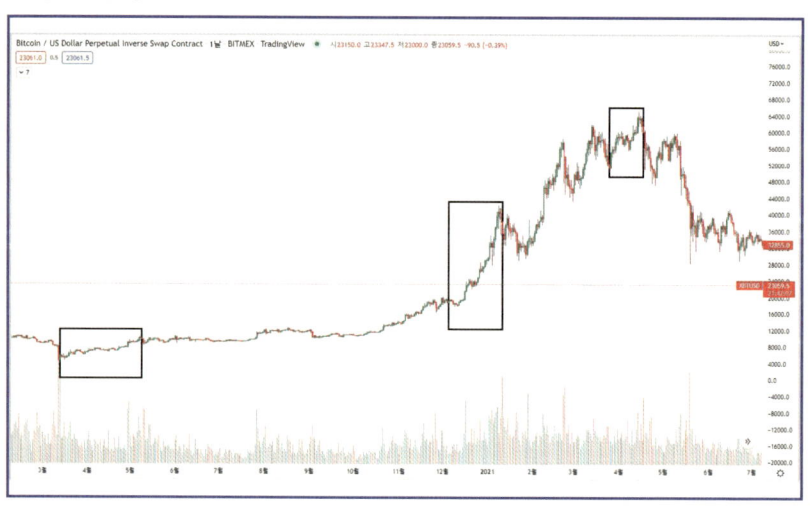

2022년 6월 현재 지금은 달러화의 가치가 급상승하고 있다. 비트코인은 하락하고 있다. (디커플링)

또한 비트코인은 주가지수와도 상관관계가 있음을 발견할 수 있다. 미국의 대표 주가지수 S&P500은 최근 비트코인과 큰 상관관계가 나타나고 있다. 필자도 최근 S&P500 지수를 매매할 때 참고하고 있을 정도이다. 두 자산군이 얼마나 상관관계가 있는지 나타내는 그래프가 있다.

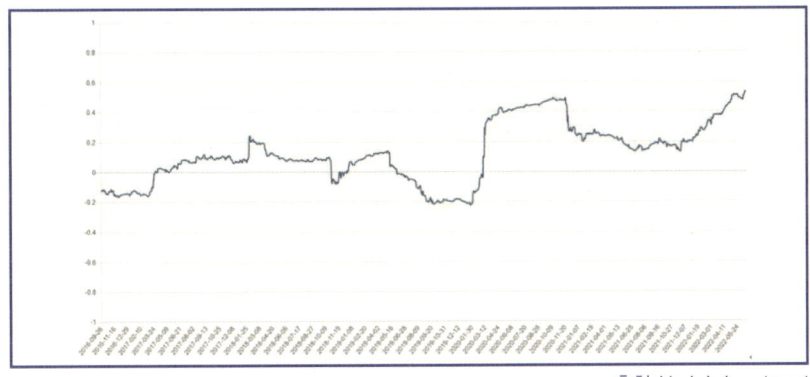

출처 : blockchaincenter.net

위 그래프를 보면 두 자산의 상관관계는 최근 계속해서 상승하고 있고 0.53수준까지 올라왔다. 0을 중심으로 최고는 1, 최저는 -1로 표시가 되는데, 1에 가까울수록 두 가격은 상관관계가 높아서 같은 방향으로 움직이고 있다고 해석한다. 반대로 -1에 가까워질수록 상관관계는 없고 반대로 움직인다는 것이다. 이 차트가 보여주는 의미는 비트코인이 그만큼 금융시장에 영향을 받고, 또 영향을 주는 자산군으로 발전하고 있다는 것을 상징한다. 글로벌 금융정책과 통화정책에 영향을 받고 있다는 반증이다.

차트로 비교해보자.

● 비트코인 차트 ●

● S&P500 차트 ●

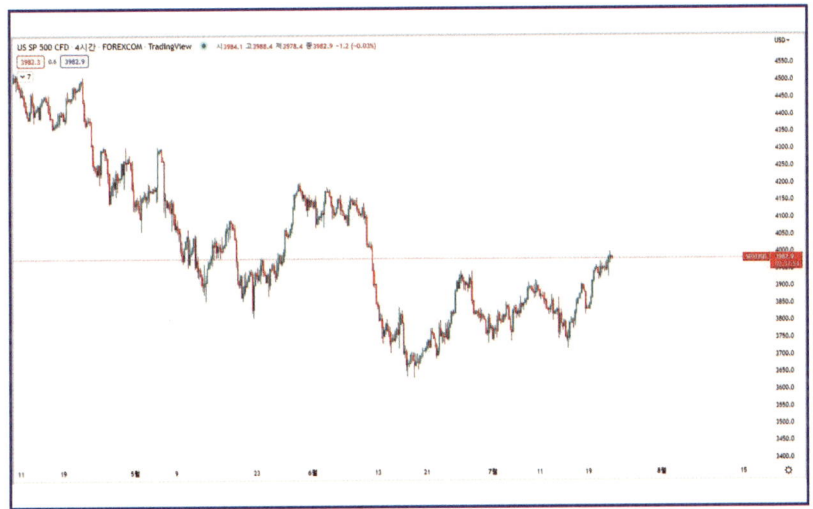

둘다 비슷하게 움직이고 있다는 것을 알 수 있다. (커플링)

하지만 달러와의 상관관계, 주가지수와의 상관관계를 보고 미래도 그렇게 될 것이라는 것을 확신할 수는 없다. 하지만 참고할 만한 지표이다.

● S&P500 ●   ● 달러 ●   ● 비트코인 ●

04 / 첫 단추 잘 꿰기

전략에 대해 설명하기 전에 꼭 생각해봐야할 것이 있다. 여러분들의 투자 목표는 무엇인가? 돈을 많이 벌고 싶다? 또는 경제적인 자유를 위해서? 이것이 정말 목표였다면 조금 더 구체적인 목표를 세워보길 바란다. 구체적인 목표를 세워야 내가 어떤 전략을 사용해야 하고 시간은 얼마나 두고 또 얼마의 노력을 쏟아야 하는지, 그리고 그에 따라 어떤 책을 읽어야 하고 어떤 사람의 콘텐츠를 보고 배워야 하는지가 보다 명확해지고 그래야 돌아가지 않고 처음부터 올바른 방향으로 나아갈 수 있다. 가령 코딩을 배운다고 해도 구글이나 마이크로소프트 등과 같이 세계 최고의 IT기업에 입사하는 것이 목표인가 아니면 코딩을 배워서 현재 회사에서 업무를 더 효율적으로 하고 싶은 것인가, 이직을 위해서인가, 그냥 취미로 배우고 싶은 것인가에 따라서 내가 어떤 학원이나 스승에게 코딩을 배워야 하는지가 달라진다. 세상의 모든 배움이 마찬가지지만 투자에 대한 배움은 목표설정에 있어서 조금 더 엄격할 필요가 있다.

목표설정은 단순히 동기부여를 위한 것이 아니다. 동기부여는 이 책을 구매해서 보고 있는 여러분들이라면 이미 충분히 되어 있다. 목표의 예를 들어보자. 단기간 경제적으로 완전한 독립보다는 매달 월급의 느낌처럼 조금씩 자산을 쌓아나가면서 평생 안전하게 투자하고 싶다는 목표가 있을 수 있겠다. 성향상 투자에 너무 많은 시간을 쏟거나 큰 스트레스를 받고 싶지 않고 직장을 다니면서 하고 싶은 사람도 있다. 이런 분들은 너무 큰 돈을 투자한다든가 고위험 종목에 투자하는 것을 되도록 자제하는 것이 좋겠다. 큰 리스크로 혹시나 중간에 투자를 하지 못하게 되는 상황이 생긴다면 목표 자체를 아예 이루지 못하기 때문이다.

그런 경우 내 투자 포트폴리오에 현금, 안전자산에 대한 비중을 골고루 배분해야 한다. 또 다른 목표의 예시라고 한다면 3달 안에 내가 가진 천만원으로 3천만원을 만들어보겠다고 하는 것도 가능한 목표이다. 그러면 고위험이긴 해도 고수익이 가능한 종목을 잘 선정해서 단기투자 위주로 운영해야 할 것이다. 이런 목표라면 다른 것보다도 하루에 많은 시간과 노력을 이 목표를 이루는 데 쏟는 것이 올바른 실행계획이 될 것이다. 아니면 만약 목돈은 없는데 월 수입은 그래도 꾸준히 있는 상황이라면 일정부분 저축을 통해 시드머니를 만드는 것을 소홀히 해서는 안될 것이다. 이처럼 환경과 여건에 따라서도 계획이 달라질 수 있다. 본인만의 명확하고 구체적인 목표를 먼저 세워보자.

05 / 차트분석 툴(Tool)

기본적으로 차트 분석은 아래와 같이 "트레이딩뷰(Tradingview)"라는 사이트에서 한다.

차트공부를 하고자 한다면 트레이딩뷰를 잘 익혀야 한다. 여기서는 간편하고 편리하게 차트를 그릴 수 있다. 주식과 외환, 선물, 지수(Index), 암호화폐 등 존재하는 거의 모든 차트를 손쉽게 볼 수 있고 멀티차트(Multi-Chart) 기능을 활용해 한 화면에 여러 차트도 볼 수 있도록 설정할 수 있다. 그리고 과거의 차트를 돌려보면서 그 전략별로 수익율을 비교&분석할 수 있도록 백테스트(Backtest)할 수 있는 기능도 있다. 또 특정 가격대에 도달했을 때 알람 설정을 할 수도 있다.

또한 실전 트레이딩을 하기 앞서 실시간으로 모의매매도 할 수 있고 다른 사람들이 만든 지표를 사용할 수도 있으며 내가 개인적으로 만든 지표(파인 스크립트라고 함)도 사용 가능하다. 시장 동향을 파악할 수 있도록 뉴스도 제공하고 더불어 전 세계의 트레이딩을 하는 사람들이 종목별로 자신의 분석을 올려놓은 섹션도 있기 때문에 입문하시는 분들에게 좋은 배움의 공간이 된다. 이외에도 다양한 기능이 있다. 꼭 한번 사용해보면서 필요한 기능을 익히는 것이 좋다.

트레이딩뷰 외에 활용할 수 있는 툴(Tool)은 Exochart, ATAS, Trading Lite, Coinalyze 등이 있다. 주로 암호화폐를 분석하는데 용이한 사이트이다. 코인을 하시는 분들은 특히나 꼭 알아야 한다.

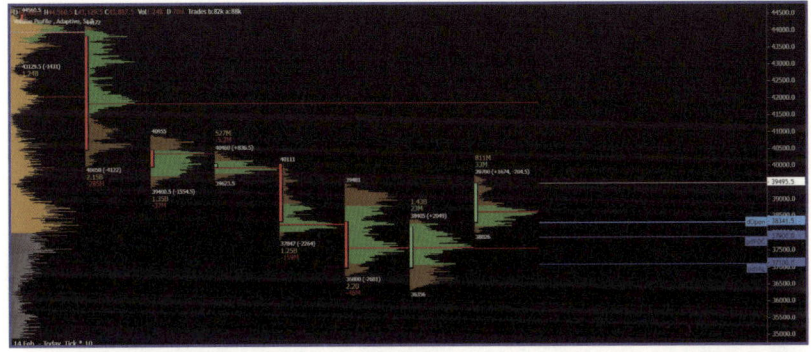

출처 : Exochart

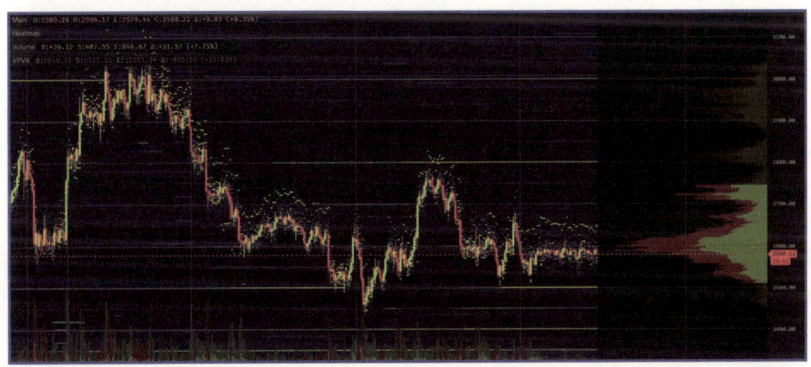

출처 : TradingLite

위 사진은 Exochart, 아래 사진은 TradingLite이다. 이 툴들은 정말 강력한 분석법을 제공한다. 다만 유료로 사용해야 한다. 필자는 개인적으로 Exochart와 TradingLite를 사용한다. 일반적으로는 차트에서는 캔들(Candle)로 가격에 대한 정보를 얻지만 Exochart나 Atas, TradingLite에서는 Footprint 라는 차트를 제공한다. Footprint라고 하면 일반적인 캔들보다 더 많은 정보를 제공한다. 실시간으로 매수세와 매도세를 체크할 수 있고 매수와 매도 중에 어디에 더 불균형이 생기는지 등 꼭 알아야할 사항들이 시각적으로 잘 표현되어 있다.

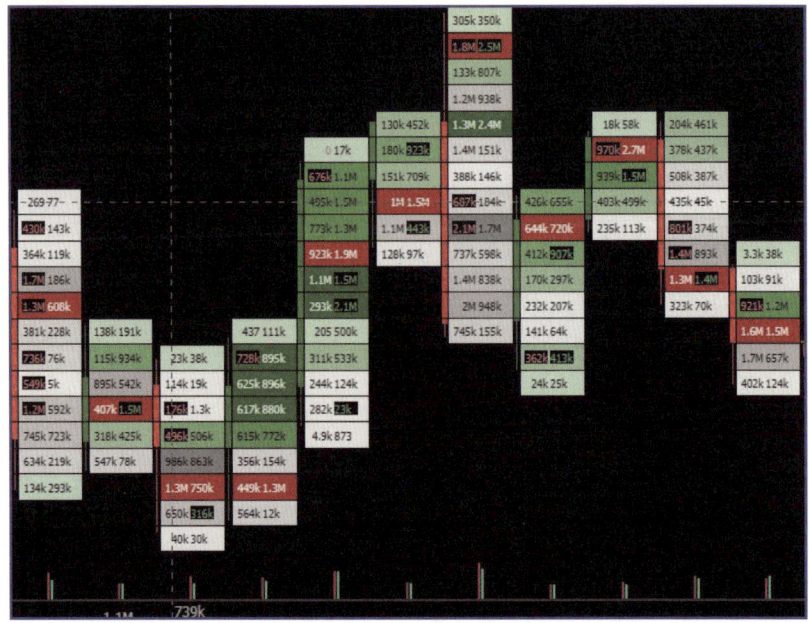

출처 : Exochart

06 / 수익을 증폭시키는 선물거래

거래방식은 크게 현물과 선물로 나눌 수 있다. 현재 시가로 매겨지는 가격 그대로 사고 파는 시장이 현물시장이다. 간단하게 주식을 생각하면 된다. 코인을 한다면 업비트나 빗썸 등 국내 거래소에서의 거래가 현물거래이다. 낮은 가격에서 매수를 하고 높은 가격에서 매도를 하는 일방향의 거래방법으로 단순하고 직관적이다.

반면, 선물은 양방향 거래가 가능하다. 현물에서 낮은 가격에 매수해서 높은 가격에 매도로 수익을 얻는 것처럼 선물에서는 이와 같은 방향의 거래를 공매수, 롱(Long)이라고 한다. 이와 반대 방향으로 거래할 수도 있는데, 먼저 높은 가격에서 공매도, 낮은 가격에 공매수하면 숏(Short)이라고 부른다. 이 때 가격이 떨어질 때에도 수익을 얻을 수 있다. 현물은 선물로 치면 매수(롱)밖에 없지만 선물에는 롱과 숏이 있기 때문에 우리는 어느쪽으로 거래하는가에 따라 롱 포지션, 숏 포지션이라고 부른다. 가령, 롱포지션을 Open한다고 하고 이 포지션을 종료하려면 Close를 한다고 표현한다. 롱포지션으로 수익을 보고 있을 때 포지션을 종료하고 싶으면 동일한 주문량을 숏 포지션으로 종료하면 된다. 숏포지션으로 수익을 볼 때도 동일한 주문을 롱 포지션을 하면 종료된다. 숏 포지션의 이익범위는 가격 하방 범위가 되고 손절 범위는 가격 상방 범위가 된다.

보통의 선물은 기한이 있다. 6개월물, 1년물 등 기한을 둔 선물이 많은데 포지션을 유지하고 있을 때 기한이 도래하면 자동으로 포지션은 종료된다. 내가 손해를 보고 있을 때 자동으로 포지션이 종료될 수 있기 때문에 수익을 보고 있을 때 혹은 손해가 적을 때 사용자가 포지션을 임의로 종료할 수 있다.

선물거래는 활용만 잘하면 훨씬 더 수익을 얻을 수 있는 기회가 많아지지만 제대로 하지 못하면 손해도 그만큼 커지기 때문에 주의해야 한다. 선물거래에서 활용할 수 있는 가장 파워풀한 기능은 "레버리지(Leverage)"이다. 일반 주식의 경우에도 미수나 신용을 통해 레버리지 효과를 이용할 수 있지만 레버리지를 폭넓게 사용하고 싶다면 선물거래를 이용하면 된다.

레버리지는 지렛대 효과라고 한다. 쉽게 말하면 빚을 내서 투자하는 것이다. 예를 들어 1억원을 투자했을 때 10%가 상승하면 1000만원의 이익을 얻는다. 하지만 내 돈 1000만원과 9000만원의 은행돈을 사용해서 총 1억원을 투자했다고 했을 때 10%가 상승하면 역시 1000만원의 수익이 생기지만 9000만원을 다시 갚았다고 했을 때 결국 내 돈 1000만원으로 1000만원을 만든 것이다. 100% 수익률이 된다. 1000만원만으로 같은 10% 상승한 상황에서 1억원으로 투자한 효과를 얻을 수 있는 것이다. 이를 실제 거래소에서는 어떻게 레버리지를 어떻게 사용할 수 있는지 알아보자.

먼저, 가상자산의 경우 무기한 선물(Perpetual Futures)시장이 활발한데, 바이낸스(Binance)나 바이비트(Bybit), 비트멕스(Bitmex)같은 해외 거래소에서는 비트코인이나 이더리움 등 각종 알트코인에 대한 무기한 선물을 취급한다. 레버리지도 거래소마다 다르지만 보통 100배 이상 사용가능하다. 레버리지를 100배 사용한다고 하면 100만원을 가지고 있을 때 100만원의 100배인 1억원어치의 주문을 할 수 있음을 의미한다. 대신 레버리지가 높으면 그 만큼 리스크도 커진다. 리스크라고 한다면 심한 경우 강제청산을 당해서 돈을 모두 잃을 수 있다. 예를 들면, 비트코인 4만불에 100배 레버리지로 롱포지션을 진입한다고 했을 때 원칙적으로 4만불의 1/100인 400불만큼의 가격이 하락한다면, 즉 39600불로 가격이 하락하면 내가 주문한 만큼의 돈은 모두 강제로 청산되어 내 계좌에서 빠져나간다. 10배 레버리지를 했다면 4만불의 1/10인 4000불, 즉 36000불로 가격이 하락하면 강제청산된다. 그렇기 때문에 레버리지를 적시적소에 잘 활용해야 하고 높은 레버리지는 가능하면 피하는 것이 좋다. 초보자들이 연습해볼 만한 레버리지는 3배~5배가 적당하다.

내가 100만원으로 100배 레버리지를 해서 1억원어치의 주문을 한다고 했을 때 강제청산되면 나머지 9900만원의 빚을 지는 것은 아니다. 내가 주문한 원금 100만원만 사라진다. 비트코인 가격이 하락함에 있어서 내 원금이 얼마나 빠르게 사라지는가가 무기한 코인선물시장의 리스크이다. 반면 100만원으로 100배 레버리지를 적용해서 1억원의 주문을 한 후 일정 부분 수익을 얻는다면 1억원에 대한 비율로 수익을 얻는 것이 아니라 주문한 원금인 100만원에 대한 비율로 얻는다. 예를 들어 100배 레버리지를 사용해서 매수 후 1%가 상승했다고 한다면 100배인 100%의 수익이 되고, 이는 100만원의 100%인 100만원의 수익을 얻을 것이다.

레버리지에 대해 이것저것 설명을 해봤는데 결국 내 돈(=포지션 크기)을 생각하는 것이 중요하다. 내 주문에 내 돈이 얼마나 투입되었는가가 가장 중요하다. 레버리지가 높으면 내 돈을 적게 넣어도 원하는 만큼의 주문을 할 수 있는 것이고 레버리지가 낮으면 내 돈을 많이 넣어야 원하는 만큼의 주문을 할 수 있다. 가령, 1000만원어치의 주문을 하고 싶은데 내 돈은 10만원만 넣고 싶다면 레버리지를 100배로 하면 되고 내 돈을 50만원까지는 넣을 수 있다면 레버리지는 20배까지 하면 된다. 그렇게 넣은 돈이 내 전체 원금의 몇 퍼센트인가도 매우 중요한 부분이겠다. 혹시 예상치 못한 변수에 주문에 넣었던 돈이 청산당한다 하더라도 내 전체 원금(투자금)의 2~3% 이내라면 한번 감내하고 시도해볼 수 있지 않은가.

선물시장에 뛰어들기 위해서는 정말 잃어도 될 만한 적은 돈으로 충분한 연습을 하는 것이 현명하다. 내가 사용하기 좋은 분석기법을 충분히 연습을 하고 반드시 손절가를 설정하고 들어가야 한다. 연습은 적은 돈으로 선물시장에서 해보는 것도 당연히 좋고 아니면 모의투자시스템을 사용해도 좋다. 기법을 연습하고 싶다면 현물시장에서 충분히 하고 선물을 해보는 것도 좋다.

07 / 모의투자로 전략검증, 실력향상

모의투자는 트레이딩뷰에서도 가능하다. Paper Trading이라고 한다.

실전 트레이딩을 하기에 앞서 모의투자를 해보는 것은 정말 좋은 선택이다. 전략을 충분히 검증하는 과정을 통해 리스크를 줄일 수 있다. 더 안전하게, 그리고 빠르게 매매경험을 할 수 있다. 어떻게 하는지 살펴보자.

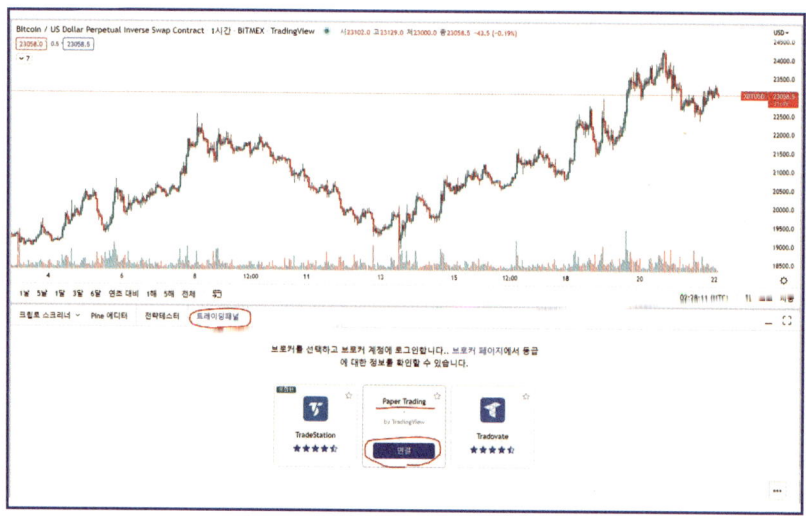

먼저, 트레이딩 패널에서 Paper Trading을 연결한다.

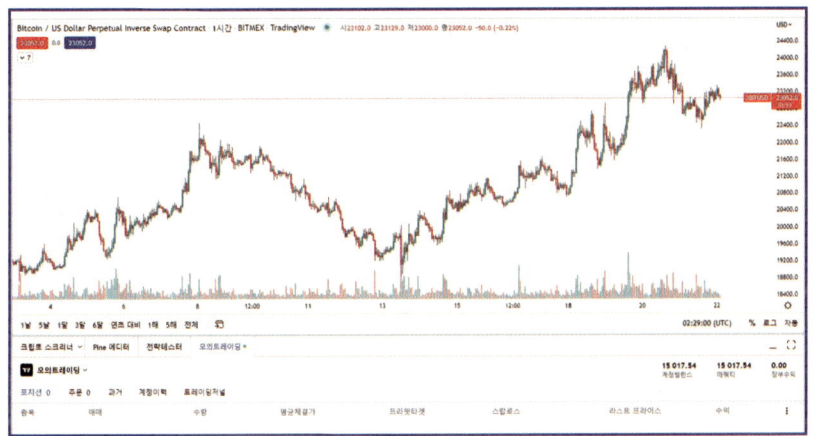

위와 같이 좌측 상단에 빨간 버튼(=매도), 파란 버튼(=매수)가 생긴다.

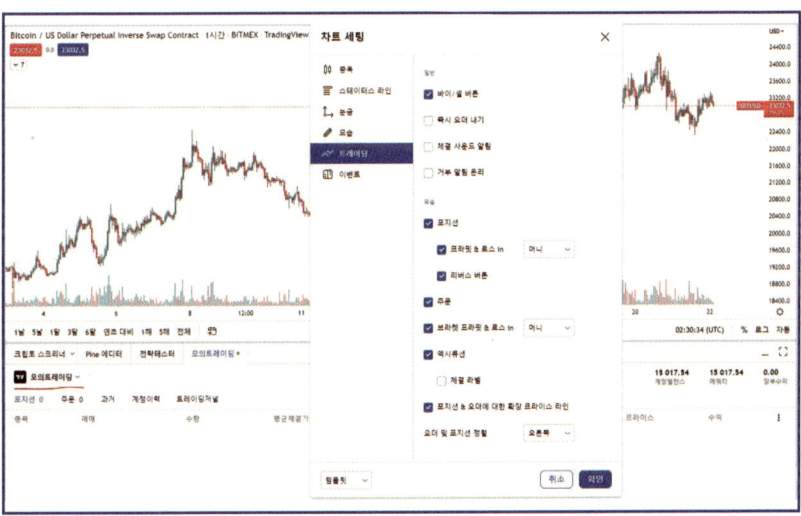

좌측 하단에 모의 트레이딩 버튼 > 차트 세팅으로 들어가면 다음과 같은 세팅을 할 수 있다.

좌측 상단의 빨간 매도버튼 또는 파란 매수버튼을 클릭하게 되면 위 사진과 같이 거래소처럼 주문창이 우측에 뜨고 여기서 주문을 할 수 있다. 프라핏 타겟(profit target)은 익절가, 스탑로스(Stop loss)는 손절가이다. 마켓가(시장가)로 즉시 (공)매수 또는 (공)매도를 할 수도 있지만 리밋(지정가)을 통해 원하는 가격에서 매매를 할 수 있다.

모의 투자를 통해 충분히 연습하고 실전에 들어가자. 그래야 내가 특정한 상황에서 어떤 행동을 하는가를 알 수 있다. 그리고 멘탈상태도 점검할 수 있다. FOMO(이익을 놓칠 것 같아 느끼는 조급함)로 섣불리 매매하지는 않는지, 공포로 인해 매도하게 되지는 않는지(FUD) 등 매매할 때 느끼는 감정들을 한번 느껴보고 어떻게 극복하는지 고민해보자. 매매를 잘하고 못하고는 기술적 분석도 중요하지만 나의 멘탈 상태를 알고 훈련해나가는 과정이 거의 대부분을 차지한다.

08 / 투자의 핵심, 리스크 관리

투자에서 가장 중요한 것은 리스크 관리(Risk Management)라고 할 수 있다. 너무 중요한 부분이라 이 책을 끝까지 보고 난 후에 이 부분은 다시 돌아와서 반복숙지를 해야 한다. 10번이고 100번이고 계속 말해도 부족할 만큼 정말 중요하다. 필자는 어딜 가든 기술적인 분석법과 투자의 멘탈의 중요도 비율은 3:7정도로 항상 이야기하는데, 멘탈을 잘 잡기 위한 기초작업이 꼭 되어있어야 한다. 이 내용을 반드시 알아야 흔들리지 않고 투자를 더 오랫동안 할 수 있을 것이다. 그 동안 필자가 투자하면서 얻은 노하우와 교훈들을 정리했다.

우리의 시드머니(자본금)는 한정되어 있기 때문에 시드머니를 지키기 위해 돈을 잃지 않는, 다시 말해 리스크를 생각하면서 투자를 해야 한다. 투자의 리스크라는 것은 간단하게 말하면 돈을 잃는 것이다.

두 종류의 투자자들이 있다. 투자를 하면서 수익을 극대화하는 방향으로 매매하는 투자자와 손실을 최소화하는 방향으로 매매하는 투자자가 있다. 수익의 극대화와 손실의 최소화는 모두 필요하지만 보통 매매 성향에 따라 어느 한쪽에 치중되곤 한다. 짧은 시간 많은 돈을 버는 목적을 가진 사람들은 수익을 극대화하는 매매플레이를 하게 된다. 모두가 다 이런 플레이를 성공적으로 할 수 있는 것은 아니다. 이성적인 절제력이 강한 사람만이 수익을 극대화하는 매매를 잘할 수 있다. 반대로 여유있게 시간을 두고 매매를 하는 사람들과 성향상 모험을 두려워하고 대신 인내심이 강한 사람들은 손실을 최소화하는 방향으로 매매한다. 매매를 할 때마다 큰 리스크를 지고 싶지는 않을 테니 손실을 최소화하는 방향으로 매매를 하는 것이다. 하지만 자금이 적은 경우는 대부분의 사람들은 수익을 극대화하는 방향으로 매매를 한다.

수익을 극대화하는 방향이라 한다면 예를 들어 주식의 경우 코스닥 상장주 가운데 변동성이 큰 종목을, 코인의 경우는 알트코인(Altcoin) 중에서도 시가총액은 조금 낮아도 변동성이 큰 코인을 택하는 것부터 시작할 것이다. 선물(Futures)을 하는 경우는 20배 이상의 고배율(High-Leverage)를 사용할 것이다. 수익을 극대화하는 방향이 좋을까, 아니면 손실을 최소화하는 방향이 좋을까? 양쪽 모두 리스크는 존재한다. 상황에 따라 가장 최적의 매매를 선택하는 것이 가장 좋지만 결국 우리가 택하는 방법은 하나이다. 리스크 관리라고 하면 우리는 손실을 최소화하는 방향으로 가야 한다. 폭발적인 수익보다는 꾸준히 적립식으로 자산을 늘려나가는 방향이 내가 주로 추구하는 방향이다.

09 / 칼 같은 손절가

손절을 두려워서 못하는 사람들이 있다. 절대 있어서는 안되는 일이다. 손절가는 무슨 일이 있어도 지켜져야 하고 스스로 하기보다는 시스템에서 알아서 하게 두어야 한다. 손절가를 명확하게 지켜줘야 가장 우리에게 중요한 기회비용인 돈과 시간을 벌 수 있다. 손절을 하지 못함으로 인해서 일어날 최악의 예시는 다음과 같다. 비트코인을 $5000에 매수했고 $4500이 된다면 손절하고자 마음먹었다. 3일이 지나 $4500까지 내려왔는데 반등을 기다리고 손절하지 않았다. 그리고 일주일이 지나서 $4000까지 가격이 하락했다.

이 경우 우리가 잃은 것은 더 많은 돈뿐만 아니라 시간도 있다. $4500에 바로 손절했다면 다시 $5000 이상으로 벌 수 있다. 물론 반등해서 다시 $5000의 본전으로 회복할 수는 있겠지만 최악의 상황인 더 많은 돈과 시간을 날려보내는 것, 이것을 가장 두려워하는 것이다. 손실과 이익의 비율인 손익비가 항상 좋은 곳(이익이 손실보다 더 크게 날 수 있는 지점), 그리고 손절가를 명확하게 근거로 잡을 수 있는 지점에서 매매를 해야 한다. 만약에 매수했을 때 손절을 하는 경우는 해당 손절가격 밑으로 가격이 더 내려가면 훨씬 더 많이 내려갈 것을 예상하기 때문에 손절을 빠르게 해주는 것이다. 가장 좋은 것은 손절가와 최대한 근처에서 매수 진입을 하는 것이다. 그래야 손익비(손해범위와 이익범위의 비율)가 좋아진다. 손절가를 잘 지켜서 손익비가 좋은 자리에서만 매매하자.

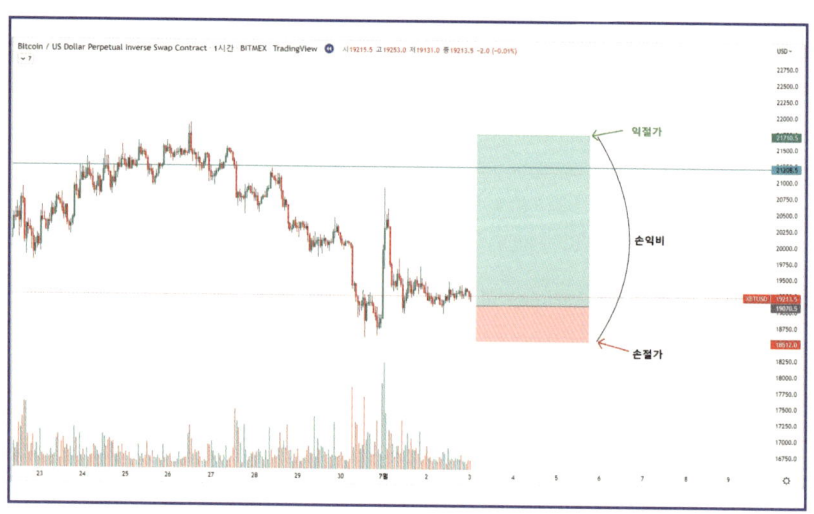

　그리고 투자금 대비 손실액을 명확하게 금액으로 파악해야 한다. 나는 2~3%정도의 손실액을 항상 생각한다. 손실을 최대로 봐도 내 투자금 전체의 2~3%밖에 손해가 나지 않아야 한다는 뜻이다. 예를 들면 내가 총 1000만원의 투자금이 있는데 이것의 2%라고 하면 20만원이다. 난 최대로 잃어도 20만까지민 잃어야 한다. 그러면 투입하는 자금이 얼마가 되면 될까? 한번의 매매에서 손절폭을 -5%로 잡았다고 하자. 그러면 -5%를 잃었을 때 20만원의 손실액이 발생되어야 하니까 투입하는 자금은 400만원정도면 된다.

> 투입자금 * 5%손절폭 = 1000만원 * 2%손실폭

　이렇게 생각하면 조금 더 간단하게 투자액을 정할 수 있을 것이다. 선물을 하는 사람에게는 이 손실폭을 고려해서 레버리지도 조절할 수 있을 것이다.

손절가는 계속 강조해도 지나침이 없을 정도로 중요하다. 시장에는 종종 내가 아무리 모든 기법을 익혔다 하더라도 세력(=시장을 주도하는 사람/자본)들이 만들어내는 속임수(fake)에 걸려들 수 있는 위험이 존재한다. 내가 속임수에 걸렸다는 것을 먼저는 기술적 분석을 통해 알아야 하겠고 가장 중요한 것은 속임수라는 것을 알았다 하더라도 고집을 부리거나 헛된 희망으로 버티는 것이 아니라 손절로 빠르게 시장에서 빠져나와야 한다. 속임수에 걸려든 것은 고작 한번의 실수이다. 그것으로 앞으로 평생 매매를 못하게 될 상황을 만들지 말자. 항상 플랜을 세우고 그 플랜대로 행동하면 된다.

10 / 리스크 프리(Risk-Free)

리스크는 매매를 하는 중에 계속 줄여나가는 것이 현명하고 지혜로운 방법이다. 수익이 나고 있는데도 리스크를 그대로 가지고 있는 것은 위험하다. 위에서 손절가에 대해 설명하면서 손절가는 절대 지켜져야만 한다고 했지만 이 경우는 나의 이익을 지키기 위해 손절가를 이동시킬 수 있다. 가령 비트코인을 $5000에 매수했고 손절가는 매수금액의 -5%인 $4750이라고 해보자. 가격이 상승해서 $1000정도의 수익이 나고 있다. 아직 목표가는 오지 않았다고 할 때 리스크를 없애는 방법은 손절가를 본절가($5000)로 올려서 혹시나 다시 가격이 하락했을 때 손해가 안나게 하는 방법이 있다. 또는 일정부분 분할매도를 하는 방법도 있다. 절반을 분할매도 한다면 먼저 $1000 수익 중 $500을 수익실현하고 손절가를 본절가로 옮길 수 있다. 아니면 차트분석을 한 결과 본절가로 내려오지 않고 계속 상승할 것 같으면 손절가를 본절가보다 위로 올려서 가격이 다시 하락해도 수익으로 마감할 수 있도록 하는 것이다. 이렇게 매매를 하면 잃지 않는 매매를 할 수 있다. 그리고 이렇게 리스크를 없앤 후에는 어느 정도 수익에 대한 욕심을 부려도 괜찮다.

11 / 장대봉 혹은 큰 상승 = 수익실현의 신호

이런 상황을 예시로 들어보자.

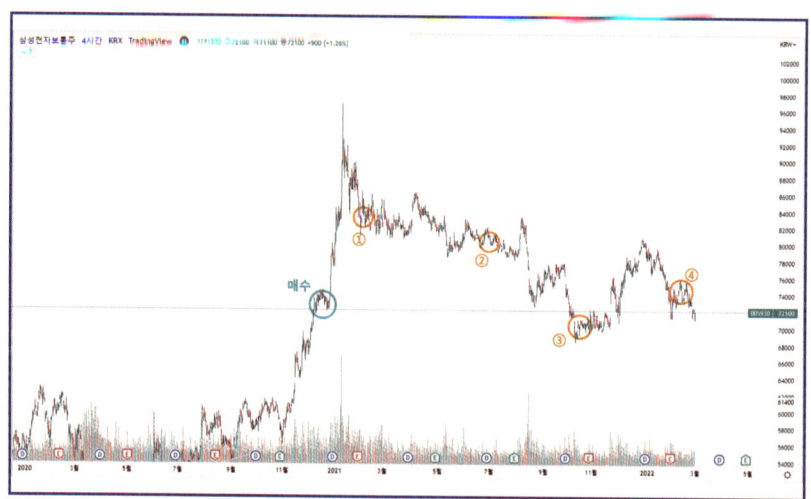

삼성전자 차트이다. 파란색 지점에서 매수를 했다.

　큰 상승을 했다. 고점에서 팔 수 있다면 좋았겠지만 못 팔았다고 하자. 우리가 가장 매도하기 좋은 곳은 몇 번인가? 차트가 말해주는 것은 당연히 1번이라고 말해주고 있지만 삼성전자가 아닌 다른 차트로 보면 1번에서 2번처럼 가격이 떨어지지 않고 더 상승하는 차트도 있을 것이다. 뭐가 됐든 1번에서 매도하는 것이 가장 이상적이다. 하지만 그래도 1번에서 못 팔았다고 해보자. 못 팔았던 이유는 고점에서 못 팔았던 것이 후회가 되었기 때문이다. 기대치는 이미 고점에 있다. 2번으로 갔을 때는 또 못 팔 것이다. 반등할 것이라는 기대가 계속 남아있기 때문이다. 가격이 더 떨어져서 3번으로 갔을 때는 이미 시간을 많이 지체했다. 장기투자로 생각이 변한다. 일명 "존버"족으로 마음이 움직여서 온갖 합리화를 하기 시작한다. 기대치는 여전히 고점 또는 그 이상이다. 다행히 3번과 4번 사이에 반등이 어느정도 나왔지만 팔 수 있었을까? 90%의 사람들은 못 팔았을 것이다. 많은 시간을 쓰고 스트레스 받았던 만큼 더 큰 수익으로 보상받고 싶기 때문이다. 삼성 차트를 예시로 들었지만 이 차트보다 더 상황이 좋은 차트도 있고 더 안좋은 차트도 있다. 중요한 것은 상승했을 때 1번에서 수익을 일부라도 실현했었다면 상황은 훨씬 더 좋아졌을 것이다. 그리고 기회 또한도 더 많아졌을 것이다. 목표를 너무 높게 잡는 것은 욕심으로 끝나는 경우가 많다. 적당한 곳에서 주머니로 일단 챙겨야 한다. 분할로라도 말이다. 시장은 겸손하고 만족할 수 있는 사람에게는 관대하다.

12 / 신중한 매매 플랜

우리의 돈은 소중하다. 한번 매매할 때마다 신중하고 또 신중하게 플랜을 짜야 한다. 어떤 자리가 가장 매수하기 좋은가에 대해 내가 알고 있는 모든 전략을 총동원해서 손절가와 익절가(수익가)를 어디로 설정해야 하는지. 예상과는 다른 흐름이 나왔을 때 어떻게 대처할 것인지 최소 2가지 이상의 시나리오를 생각해두어야 한다. 우리의 돈은 소중하다. 생각없이 막 잃어도 되는 것이 아니다. 하지만 하나 주의할 점은 그렇다고 해서 매매에 실패하고 손절했을 때 너무 좌절할 필요는 없다. 기회는 계속 온다. 전문가들도 시장에서 이기고 지기를 반복한다. 다만 이기는 쪽의 비율이 더 많을 뿐이다. 수익을 낼 수 있는 자리는 하루에도 최소 3번 이상 생긴다. 포기만 하지 않으면 된다. 그리고 급하게 하면 좋지 않은 자리가 오고 기다리면 좋은 자리는 꼭 온다. 첫째도 플랜, 두 번째도 플랜, 세 번째도 플랜이다. 보는 것은 플랜대로.

13 / 매매 전 꼭 확인해야 할 체크리스트

매매를 하기 전에 꼭 체크해야할 사항들을 짚어보자.

① FOMO(수익을 놓치는 두려움)하지 말자. 시장은 언제든 열려있고 돈을 벌 수 있는 기회는 언제든지 있다. 성급한 매매로 평생 돈을 벌지 못하는 상황을 만들지 말자.

② 포지션 진입과 포지션 종료에 대한 시나리오를 깊이 여러번 생각하자.
(목표가와 손절가)

③ 리스크와 트레이딩 투자금을 생각하자.
전재산이 1억이 있다고 하자. 1억원을 모두 다 트레이딩을 할 수는 없으니 이 중에서 적절한 트레이딩 투자금을 계산해보자. 전재산 1억원에서 한번의 매매를 할 때마다 나는 1%의 손해를 감내할 수 있다라고 한다면 그 손해액수는 1억원의 1%인 100만원이다. 나는 매매에 실패한다고 한다면 전재산 중에서 100만원까지는 한번의 매매마다 잃어도 괜찮은 것이다. 그러면 트레이딩 투자금 중에서 3%를 매매한다고 했을 때 100만원을 잃는다면 100만원 / (0.03) = 3333만원 만큼을 트레이딩 투자금으로 쓸 수 있다. 리스크는 1~3%까지 상황마다 조절하면서 정하도록 하자. 그에 따라 트레이딩 투자금을 정할 수 있다.

④ 차트에 레인지(Range)가 형성되고 있다면 매매를 적극적으로 시도해보자.

⑤ 계속 매매에 실패한다면 일단 잠을 자든지 운동을 하든지 트레이딩과 멀어져서 머리를 식히자.

⑥ 진입과 종료의 이유를 적어서 분석하자.

Chapter 3

트레이딩 기초지식
(Basic)

늘 중요한 상황에서 힘을 발휘하는 것은 기초지식이다. 어느 분야에 가든 기초지식이 탄탄하게 잘 잡혀있는가의 여부는 그 사람의 실력을 구분짓는 중요한 척도이기도 하며 장기적으로 올바른 방향으로 인도하는 역할을 한다. 차트분석에 있어서도 마찬가지이다.

차트분석이라고 해서 기초 없이 왠지 있어보이고 화려해보이는 스킬만을 따라다니면 결코 큰 발전이 없을 것이다. 집을 지을 때도 기초돌이 바로 서야 뼈대를 세울 수 있는 법이다.

01 / 캔들

캔들은 차트에 나오는 데이터를 표현하는 가장 기본적이고 대중적인 방법이다. 이 외에도 하이킨 아시(Heikin Ashi), 렌코, 레인지 차트 등이 있지만 캔들만큼 많은 사람들이 보는 것은 없다.

캔들에는 4가지의 가격(시가, 종가, 고가, 저가)이 있다.

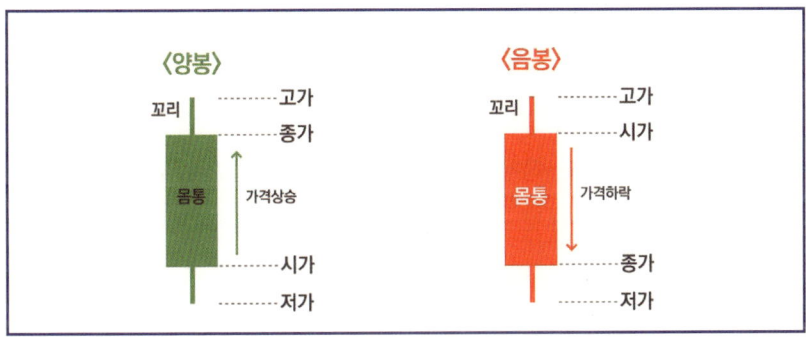

색깔을 양봉을 초록색으로 했고 음봉을 빨간색으로 한 것은 트레이딩뷰의 기본 설정이고 업비트나 빗썸과 같은 국내거래소는 양봉이 빨간색, 음봉이 파란색으로 설정되어 있다. 색깔은 편한대로 바꿀 수 있다.

양봉은 시작가(=시가)에서 가격이 상승했을 때 시가보다 높은 가격에서 마감(=종가)하면 양봉이 된다. 이 때 종가로 마감하기 전에 더 높은 가격을 찍었다면 그 가격은 고가, 시가보다 더 낮은 가격을 찍었다면 저가로써 얇은 선(꼬리)으로 표시된다. 음봉도 양봉과 마찬가지로 반대의 경우를 생각하면 된다.

5분봉, 1시간봉, 일봉(=하루), 주봉(=1주) 등을 들어봤을 것이다. 봉이라는 것은 캔들을 말하는 것이고 5분봉은 캔들 1개가 만들어지는데 5분이 걸린다는 뜻이다. 일봉은 하루가 지나야 캔들 1개가 만들어진다. 기본적으로 캔들을 보고 가격에 대한 정보를 얻는 것은 중요하다. 가령, 전날 일봉의 시작가격은 나름의 의미를 지닌다. 이는 추후에 따로 다룰 것이다.

02 / 타임프레임(Timeframe)

타임프레임은 말 그대로 어떤 시간대의 차트인지를 결정한다. 기본적으로는 초단위부터 분단위, 시간, 하루, 주, 달 정도로 나눠볼 수 있다. 필자는 5분, 15분, 30분, 1시간, 4시간, 1일, 1주, 1달 이렇게 8개의 타임프레임을 주로 본다. 트레이딩뷰(tradingview) 상단에 타임프레임을 선택할 수 있도록 되어 있다.

5분 프레임에서는 캔들 한개가 만들어지는 시간이 5분(5분봉이라고 부름)이라는 뜻이고 1시간 프레임으로 바꾸면 캔들 한개는 1시간(1시간 봉이라고 함)이 지나야 만들어진다.

1시간봉은 5분봉으로는 12개를 합치면 만들어진다. 주봉은 일봉이 7개가 있어야 만들어진다.

많은 타임프레임 중에 어떤 것을 봐야 하는지 궁금할 수 있다. 우선은 큰 프레임과 작은 프레임으로 나눈다. 그리고 큰 프레임은 High-Time-Frame이라고 해서 HTF라고 부른다. 트레이더마다 기준은 다를 수 있지만 필자는 4시간봉 이상을 HTF로 생각한다. 그리고 작은 프레임은 Low-Time-Frame이라고 해서 LTF라고 줄여서 부른다. 주로 5분봉부터 1시간봉까지 LTF로 생각한다. 그리고 차트를 분석할 때는 HTF부터 먼저 보고 LTF로 보는 방향으로 본다. HTF와 LTF상의 지지와 저항점들이 각기 다를 수 있지만 원칙상 HTF의 지지와 저항이 LTF보다 더 강하다고 판단한다. 단기로 투자한다고 해도 손절과 익절을 잘 하지 못하는 사람들이 많기 때문에 결국 HTF상의 지지와 저항까지 매매를 끌고 가는 경우가 많기 때문이다. HTF를 먼저 보고 기준을 삼는 이유는 작은 프레임(LTF)에서 차트가 좋지 않더라도 큰 프레임(HTF)상에서 차트가 괜찮다고 판단되면 매매의 방향성과 전략이 명확하게 잡히기 때문이다. 가령 HTF상 상승구조가 있지만 LTF상 하락구조가 이어지고 있다면 전체적인 매매의 방향성은 하락시 반등에 진입, HTF가 하락구조이지만 LTF가 상승구조라면 매매의 방향성은 상승시 저항대에 (공)매도로 가져가는 것을 큰 틀로 삼고 세부전략을 세워나가는 것이 바람직하겠다. HTF상의 지지저항과 LTF상의 지지저항이 동일한 구간은 더 강한 지지와 저항으로 작용한다.

03 / (가격/심리)지지와 저항(Resistance, Support)

지지(Support)와 저항(Resistance)은 차트분석의 핵심이다. 결국 거의 모든 전략의 종착지는 정확한 지지와 저항대를 찾는 것이라고 말을 해도 과언이 아니다. 다음 달러 차트를 보자.

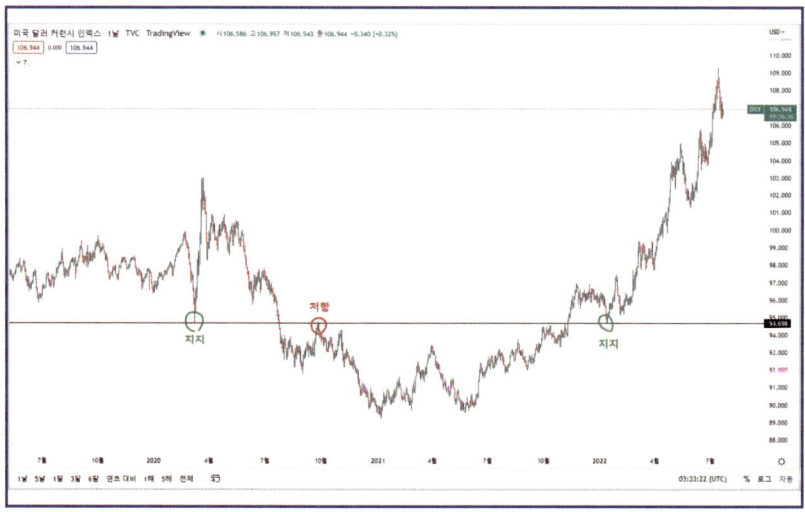

그림에서처럼 지지(Support)는 특정한 가격대에서 더이상 내려가지 못하고 멈추는 것, 저항(Resistance)은 특정 가격대에서 더이상 올라가지 못하고 멈추는 것을 말한다. 그 이유는 다른 사람들이 공통적으로 매매하는 곳이 몰려있기 때문이다. 누구나 조금이라도 기술적 분석을 공부했다면 대략적인 지지와 저항은 그리 어렵지 않게 찾을 수 있기 때문에 매수나 매도가 몰리게 된다. 만약에 지지하는 곳이 뚫려서 아래로 내려가면 지지선을 중심으로 매매하는 사람들은 손절하기 시작하므로 가격이 더 내려갈 수 있다. 그리고 저항하는 곳이 뚫려서 위로 치

솟게 되면 저항선을 중심으로 매매하는 사람들은 또한 매수하기 시작하므로 가격이 더 올라갈 수 있다. 한번 지지받은 곳이 뚫려서 내려가면 그 다음에는 해당 지지선은 저항선으로 바뀐다. 반대도 마찬가지. 저항대가 뚫려서 올라가면 그 저항대는 지지선으로 전환된다. 이렇게 지지가 뚫리면 저항으로, 저항이 뚫리면 지지로 바뀌는 것을 S/R, R/S Flip이라고 한다(Support/Resistance Flip & Resistance/Support Flip).

그렇다면 지지선 근처에서 매수를 하게 되면 어떨까? 지지선을 뚫고 내려가면 손절한다고 한다면 손절가와 별 차이가 없는 곳에서 매수를 할 수 있고 손절범위보다 훨씬 더 큰 이득의 범위를 취할 수 있다. 그래서 우리는 지지와 저항에서 매매하는 것이 손익비가 크다고 말한다.

지지와 저항은 크게 2가지로 분류한다. 가격의 지지 및 저항대와 심리적 지지 및 저항대이다. 가격이라고 하면 말그대로 차트에 작도한대로 해당 가격대에 분포한 지지와 저항이고, 심리적 지지, 저항대는 대표적으로 라운드 피규어(Round Figure)가 있다.

가격 지지&저항대는 일반적으로 특정한 가격을 의미하는 것은 아니다. 무슨 말인가 하면, 비트코인으로 예를 들어 38853.5 달러에서 지지 또는 저항이라고 말을 할 수 있지만 그것보다는 38800~39200 달러 정도의 가격대에서 지지 또는 저항이라고 말을 한다. 정교한 가격에서 지지나 저항이 나올 확률은 많지 않기 때문이다. 범위로 이야기를 하는 것이 매매하기 편하다. 그래야 손절가도 잡기 편하기 때문이다. 심리적 저항대인 라운드 피규어는 예를 들어 삼성전자 차트에서 주가가 10만원을 이야기하면 이해하기 쉬울 것이다.

　사람들은 5000원, 10000원, 50000원, 이렇게 단순하고 계산하기 쉬운 가격대가 38600원, 이런 가격에 비해 더 많은 의미를 둔다. 삼성전자 차트에서도 10만원이라는 가격을 목전에 두고 96800원에서 최고점을 마무리하고 다시 가격이 내려갔다. 10만원이라는 가격은 삼성전자의 주가가 한 단계 업그레이드되는 중요한 가격대로 사람들의 인식 속에 자리잡았기 때문이다. 이 심리적 가격대를 잘 활용한다면 좋은 것은, 삼성전자 차트처럼 10만원이 라운드 피규어이기 때문에 그보다 더 아래에서 매도해야 내 주문이 체결될 확률이 높아질 것이다. 반대의 예로, 5만원이라는 가격대 부근까지 하락한다면 5만원이 아니라 그보다 조금 위에서 매수 주문을 내야 내 주문만 체결하지 않고 내 주문만 체결되지 않고 가격이 상승하는 불상사를 막을 수 있을 것이다.

04 / 마스터링 수평레벨(Mastering Horizontal Level)

지지와 저항을 우리는 수평레벨(Horizontal level)이라고 부른다. 위에서도 언급했듯 지지나 저항이 많이 터치된 라인이 수평레벨이다. 지지와 저항은 꼬리로 터치한 라인이 원칙이지만 캔들의 시가 또는 종가마감을 기준으로도 수평레벨을 그린다. 수평레벨은 최소 4시간봉 이상의 큰 타임프레임을 기준으로 작도하는 것이 일반적이다.

이 수평레벨을 잘 작도하지 못하면 이득의 범위가 줄어들거나 손해가 더 커질 수 있다. 그러니 반드시 마스터해야 한다. 항상 HTF(월봉, 주봉, 일봉, 4시간봉)에서 수평레벨을 먼저 보고 LTF 분석으로 가야 한다. 예를 들어보자.

ETHBTC 월봉차트이다. 위 차트에서처럼 월봉에서의 수평레벨(Monthly level)을 표시했다. 최소 3개 이상의 지지나 저항이 맞닿아야 한다. 3개라는 것은 3달동안 한번도 해당 level을 뚫은 적이 없다는 의미가 된다. 매우 강한 레벨이다.

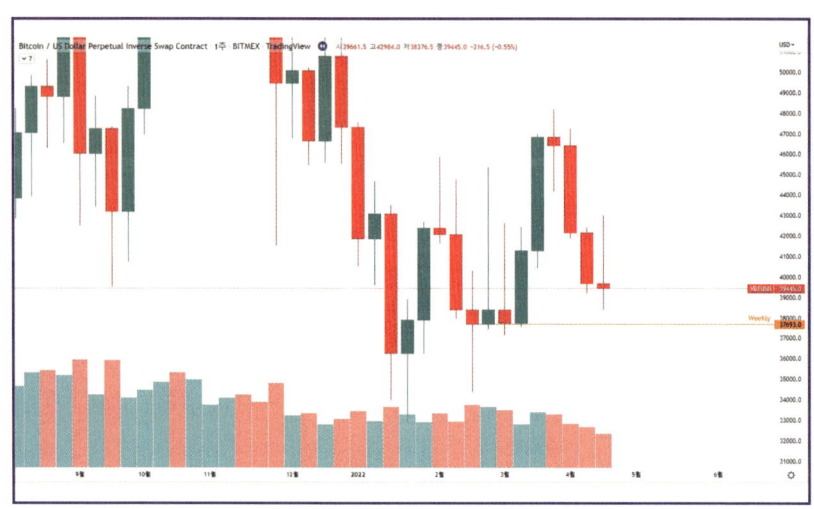

위 그림처럼 주봉의 수평레벨을 그린 것이다. 음봉부터 시작할 때 음봉 종가마감 이후 4주동안 Weekly Level을 지키면서 종가가 아래로 내려가지 않았다. 이런 경우 강한 Weekly Level이 형성되었다.

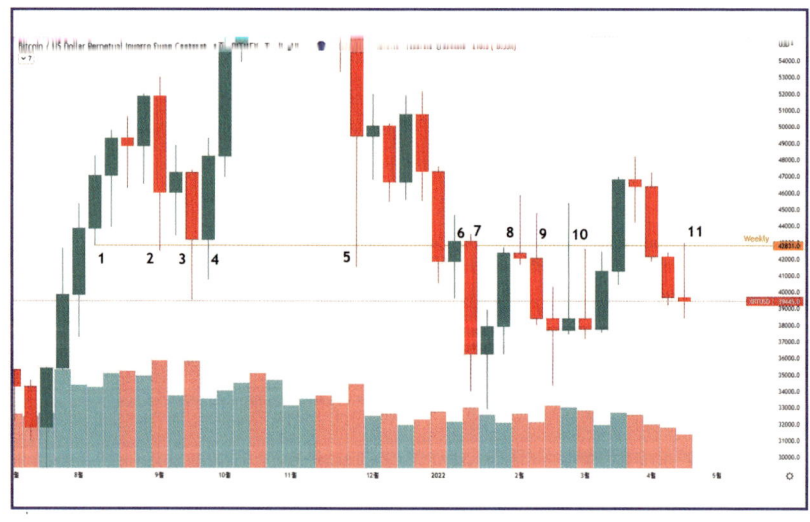

위 Weekly Level은 무려 11번의 지지와 저항이 나온 강력한 레벨이다. 앞으로도 다시 이 레벨(42831불)로 가격이 하락한다면 반등이 나올 확률이 크다. 많이 터치한 레벨은 Old level이지만 유효한 레벨로 생각하면 된다.

 **TIP**

현재 가격을 기준으로 상단 수평레벨과 하단 수평레벨로 박스권을 형성할 수 있도록 작도할 수 있는데 HTF에서의 수평레벨에 갇힌 이 박스권은 매우 견고해서 가격이 박스권을 벗어나더라도 다시 회귀해서 박스권으로 들어올 가능성이 많다.

이번엔 주봉의 수평레벨(Weekly level)을 표시했다. 4~5번의 저항이 있었다. 4~5 주가량의 저항이 되었던 셈이다.

이 Weekly level은 나중에 다시 정확하고 강한 저항으로 작용한다. 이 예시들을 보고 연습해보기를 바란다.

● 비트코인 차트의 Weekly level ●

이번에는 파란색 선으로 나타낸 비트코인 차트의 Daily level이다. 잘 숙지해보기 바란다.

잘 보면 Weekly level과 거의 비슷한 지점이 45000불 초중반대이다. 이런 식으로 4시간봉에서도 마찬가지로 4H level을 그려볼 수 있다.

이렇게 다른 Timeframe의 레벨과 같이 겹치는 지점은 더 신뢰도가 높다고 볼 수 있다. 분석기법이 아무리 좋아도 단독으로 보고 매매하는 경우는 없다. 다른 도구나 분석기법과 함께 봄으로써 신뢰도를 높여나가는 것(이를 Confluence라고 함)이 기술적 분석(TA)의 기본 룰이다.

05 / 추세선(Trendline)의 비밀

지지와 저항, 수평지지와 수평저항을 알아보았다. 이제는 추세선을 알아보자. 추세선은 각도(기울기)가 있는 지지와 저항이다. 나는 다 추세선을 다 마스터했다고 생각하는 사람도 있겠지만 한번 더 읽어보고 상기해보자. 기본은 아무리 강조해도 지나침이 없기 때문이다. 많은 연습이 필요하다.

추세는 기본적으로 상승추세와 하락추세로 나눈다. 상승추세는 다음과 같다.

차트 하단에서 위 방향으로 선을 그어주었을 때 그림처럼 선에 맞는 터치가 형성되면 상승추세선이라고 부른다. 상승추세선에서 몇 가지 알아야 할 점은, 1번째 터치와 2번째 터치가 있은 후에 3번째 터치에서 하단 상승추세선을 뚫고 아래로 내려갔다. 뚫고 내려가는 것을 Breakout이라고 한다. Breakout이 되는 시점은 3번째 터치에서가 가장 많고 4번째 터치에서도 많다.

통상 1번째 터치일 때 추세선이 형성된다고 하면 2번째 터치일 때 매수진입을 시도해볼 만하다. 2번째 터치하고 지지할 때부터 추세선이 형성되는 것은 확정이기 때문이다. 3번째와 그 이후의 터치는 뚫릴 수 있으니 진입을 자제하거나 손절가를 명확히 할 필요가 있다. 그리고 뚫린다면 다시 저항으로 작용할 수 있으니 이 추세선에 다시 닿을 때(리테스트) 선물, 마진거래에서는 숏(공매도)진입을 해볼 수 있다.

보이는 특징 중에 하나는 2번째 터치에서 빨간색 동그라미를 쳤는데, 이는 Fakeout(속임수)를 말한 것이다. 정확하게 터치하고 올라가는 것이 아니라 오차범위를 두었다고 보면 쉽게 이해할 수 있다. 요즘 차트에서는 이러한 fakeout이 많이 등장한다. 주로 2번째 또는 3번째 터치일 때 등장을 많이 하고 4번째이상 터치로 갈 수록 fakeout의 빈도는 줄어들며, 뚫린다면 높은 확률로 추세선을 이탈하게 된다.

상승추세의 예시들이다.

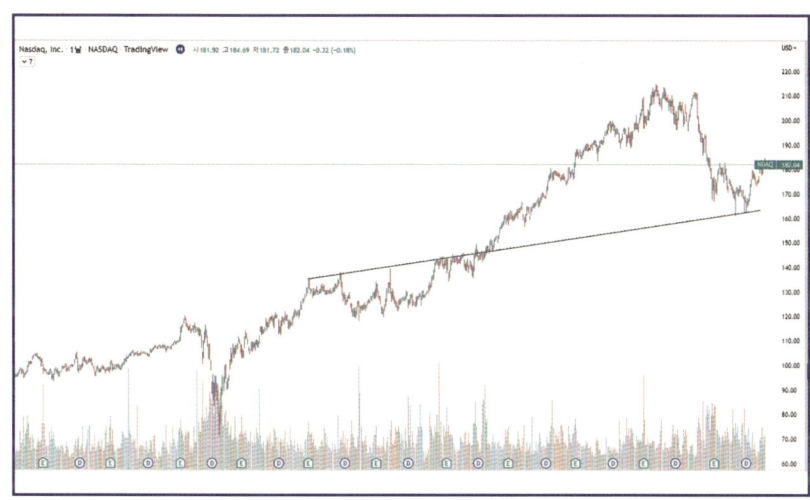

 **TIP**

터치간의 간격에 대해서도 물어보는 분들이 많은데 정해진 것은 없지만 한가지 팁은 터치하는 구간 사이의 거리가 좁은 것보다 넓을 수록 더 강한 추세선이 된다.

추세선 Fakeout을 감지할 수 있는 방법은 2가지인데, 첫째는 캔들의 꼬리만 추세선을 이탈했다가 다시 올라와서 캔들의 종가마감을 추세선 위로 하는 경우, 두번째는 추세선을 이탈한 상태에서 종가마감을 한 경우인데 두번째 케이스의 경우는 이탈했다고 해서 바로 숏포지션을 진입하거나 하는 것이 아니라 조금 관망하면서 추이를 지켜보는 여유가 필요하다. 요즘 시장은 소위 fakeout이 난무하는 시장이라고 볼 수 있다. 난이도가 더 어려워졌다.

위 이더리움 차트는 3번째에서 fakeout이 출현했다. fakeout의 시간은 길지는 않는 경우가 많기 때문에 어느정도 여유를 가지고 관망해도 좋다.

이번에는 하락추세선이다. 하락추세선은 차트 상단에서 하락방향으로 작도한다. 마찬가지로 비트코인 차트에서는 4번째 터치에서 breakout되어 상승했다. 이 경우 돌파 후에 다시 추세선에 리테스트(retest)되기를 기다렸다가 진입하는 전략은 무효화되었다. 그렇다고 해서 낙담할 필요는 없다. 무심코 돌파하는 순간 매수하는 경우도 큰 리스크를 가지고 있기 때문에 매수기회를 다시 찾는 것도 좋다.

상승추세와 하락추세를 살펴보았는데 상승추세선도 차트 하단이 아닌 상단에 그리는 경우가 있다. 또한 하락추세선도 차트 상단이 아닌 하단에 그리는 경우가 있다. 하지만 이 경우는 조금 다른데, 역시 차트를 통해 살펴보자.

경험상 하락추세선이 차트 하단에 그려질 경우 위 차트에서처럼 아래로 돌파 후 다시 추세선 위로 올라가는 fakeout이 상당히 자주 출현한다. 관망하거나 한 박자 뒤에 진입하는 것이 좋다.

상승추세선이 차트 상단에 그려질 경우도 마찬가지로 위로 돌파하는 것처럼 속이는 fakeout이 자주 출현한다. 이 두가지 케이스를 조심하자.

다음은 하락추세의 예시들이다.

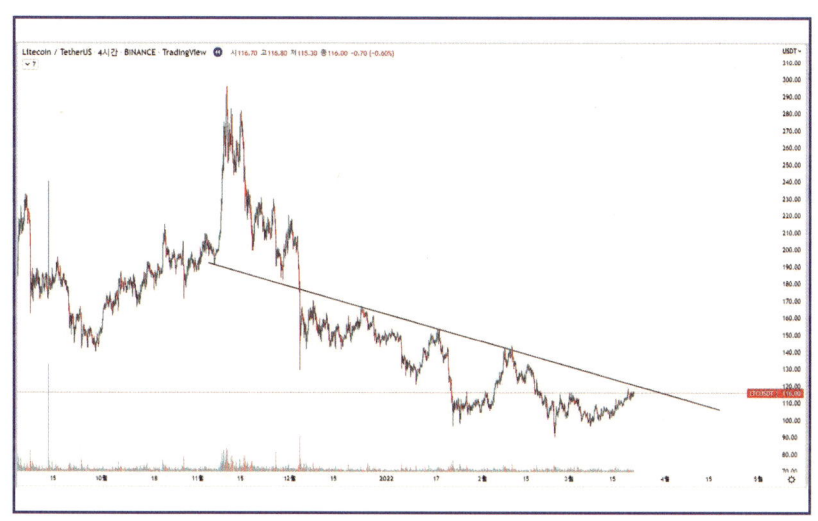

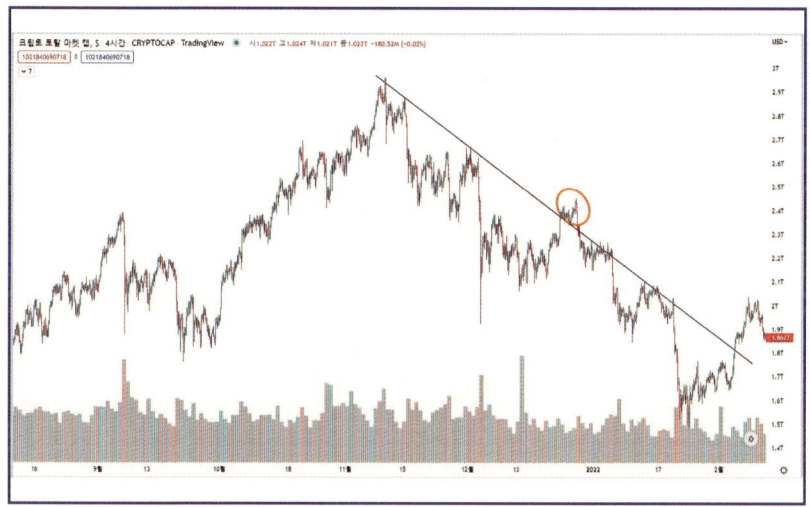

06 / 스윙 트레이딩(Swing Trading)

트레이딩을 하는 사람들마다 모두 자신만의 원칙과 전략을 가지고 있다. 어떤 트레이딩 방법이 옳다는 것은 없다. 모든 트레이더(trader)들의 공동의 목표는 돈을 벌기 위함이기 때문이다. 또한 트레이딩은 확률게임이라 이길 확률이 높은 지점, 승률과 손익비를 고려한 전략의 우위성을 잡기 위해서라면 어떤 방법이든 옳은 방법일 수 있다. 간편하게 볼 수 있는 '이동평균선' 하나만으로 특정 구간에서 가장 큰 수익을 볼 수도 있는 것이다. 하지만 매번 변화하고 발전하고 역동적인 모습을 보이는 이 시장에 적응하고 오래 살아남기 위해서는 현재 잘 들어맞는 기법을 발견했다고 해서 그것만 고수한다기보다 다양한 기법과 전략을 익히고 발전해나갈 줄 알아야 한다. 독자분들도 이 책을 통해 자신만의 기법과 전략들을 다양하게 만들어서 활용하기를 바란다.

어떤 트레이딩 기법을 사용할 것인가? 먼저는 시간에 따른 방식의 차이(단기, 중기, 장기)가 존재한다. 단기는 하루에도 수십번 매매할 수 있는 스캘핑(Scalping) 매매도 있고 하루 내에 매매를 마치는 데이트레이딩(Day-trading/Intraday trading)로도 구분된다. 형식상 구분되는 것이다. 단기트레이딩은 수익률이 높다. 선물, 마진거래로는 한 달 기준으로 수백~수천%까지 낼 수도 있다. 하지만 그 만큼 난이도는 높고 체력적으로도 매우 힘들다. 중기나 장기 매매보다 매매횟수 자체도 더 많기 때문에 차트를 계속 모니터링하면서 자신의 감정과도 싸워야 해서 쉽게 지칠 수 있다.

장기 트레이딩은 어떤가? 어감상으로도 '가치투자'와 비슷한 느낌이다. 긴 시간을 두고 인내로 버텨야 한다. 투자의 재미를 단기간에라도 느껴야 하는 성향의 사람이라면 다소 고통스러운 방식이 아닐까 싶다.

그래서 이 두가지의 단점을 보완한 중기 트레이딩, 곧 스윙 트레이딩(Swing Trading)이 있다. 기간만으로 놓고 보면 매수 후 몇일~몇주까지 본다. 필자는 스윙 트레이딩을 즐긴다. 이유는 여러가지이다. 트레이딩 시간 외의 여가시간도 매우 소중하게 여기기 때문이고 단기트레이딩을 경험해본 결과 나의 성향과 매우 맞지 않는다는 것을 발견했기 때문이다. 폭발적인 수익보다 어느정도 안정되고 꾸준한 수익을 바라는 내 성향과 맞기 때문이라는 결론을 내렸다. 물론 스윙투자를 한다고 해서 편하게 매매하는 것은 아니다. 차트를 계속 확인해야 한다. 급변하는 시장에서 언제 무슨 일이 일어날지 모르기 때문이다. 이 글을 보는 독자분들도 자기만의 트레이딩 방식을 찾아야 한다. 단타가 잘 맞는지, 스윙이 잘 맞는지, 그마저도 아니면 장기로 가는 게 더 맞는 것인지 테스트해보면서 찾아야 한다. 매매를 진입하는 횟수가 많다고 해서 수익이 늘어나는 것은 결코 아니다. 매매를 너무 많이 하면 수수료도 많이 나가고 사람은 집중력에 한계가 있기 때문에 뇌동매매에 잘 노출된다. 무엇보다 돈을 벌기 위한 트레이딩을 해야 한다는 것을 잊지 말고 자신만의 스타일을 찾아야 한다.

스윙트레이딩은 기간으로 본다면 몇일~몇주라고 이야기했다. 이와 더불어서 기술적인 면에서도 스윙이라는 표현이 등장한다. 스윙의 기본은 스윙 포인트(Swing Point)에서 매매하는 것이다. 스윙이라는 표현 자체는 연속된 캔들이다. 업 스윙(Up swing)이라고 하면 연속된 상승캔들, 다운 스윙(Down swing)이라고 하면 연속된 하락캔들을 의미한다. 그렇다면 스윙 포인트는 업 스윙에서 다운 스윙으로 전환(스윙 고점, Swing high), 또는 다운 스윙에서 업 스윙으로 전환(스윙 저점, Swing low)되는 변곡점이 된다. 간단히 말해 고점과 저점이라고 생각하면 된다. 예를 들어보자.

　스윙 저점(Swing low)은 현재 구간에서 보았을 때 저점, 스윙 고점(Swing high)는 고점을 말하고 스윙 매매는 이 사이의 범위에서 매매를 하는 것이다. 범위 하단(low) 근처에서 매수, 범위 상단(high) 부근에서 매도하는 방법이다. 또는 범위를 상단을 이탈했을 때 매수하는 등의 방법도 있다.

07 / 차트의 구조(Market Structure) 이해하기

　스윙 트레이딩에 대해 위에서 살펴보았는데, 스윙 트레이딩을 이루는 범위는 상단에 Swing high와 하단에 Swing low가 있다고 했다. 간단히 고점과 저점이라고 해서 high와 low라고 하겠다. high와 low의 범위가 나오면 그 상단과 하단 중 어디를 먼저 이탈해서 방향성이 나올지도 관심있게 봐야 한다. 어디가 먼저 이탈될까? 이것은 대체로 추세를 활용해서 힌트를 얻는다. 그래서 스윙 트레이딩은 추세추종이 기본이다.

고점과 저점을 이용한 스윙트레이딩, 그리고 추세를 활용하기 위해서는 차트의 구조(Market Structure, MS)부터 알아야 한다. 추세는 추세선(Trendline)으로도 확인할 수 있지만 스윙 포인트(High, Low)를 기준으로도 파악할 수 있다. 이 차트의 구조(MS)를 파악하는 것은 어떤 상황이든 간에 기본 중에 기본이다.

다음 비트코인 일봉차트를 보자.

가장 좌측 하단 Low를 기점으로 저점이 계속 상승하고 있다. 상승하는 저점, 그것을 Higher Low(HL)라고 한다. Higher Low는 그림에서는 4개까지 확인할 수 있다. 그리고 High를 기점으로 고점 역시 계속 상승하고 있다. 이를 Higher High(HH)라고 부르고 역시 4개의 Higher High를 확인할 수 있다. 이렇게 단계적으로 저점과 고점을 높여가는 구조를 '상승구조'라고 부른다. HL과 HH만으로 이루어진 구조(HH+HL)이다.

이번에는 하락구조를 보자.

좌측 상단 High를 기점으로 고점은 점점 낮아지고 있다. 이를 Lower High(LH)라고 한다. 그림에서는 3개의 Lower High를 확인할 수 있다. 그리고 마찬가지로 Low를 기점으로 저점은 계속 낮아진다. 이를 Lower Low(LL)라고 한다. 3개의 Lower Low를 확인할 수 있다. 이렇게 단계적으로 고점과 저점을 낮춰가는 구조를 '하락구조'라고 부른다. LL과 LH만으로 이루어진 구조(LL+LH)이다.

추세가 상승하는 추세라면 상승구조 안에 있어야 한다. 그리고 하락하는 추세는 하락구조 안에 있으면 된다. 하지만 추세선을 생각할 때 상승추세선을 벗어나는 시점에서 하락추세가 시작될 수 있는 것처럼 구조적으로도 상승구조를 깨는 흐름이 나오면 하락구조로 전환이 가능하다.

위 그림과 같이 상승구조 내에서의 Low 라인을 흰색 동그라미 친 음봉이 뚫고 아래로 더 내려갔다. 이 때부터 하락구조의 시작이 구조적으로 시작되었음을 알 수 있다. 즉, 구조가 전환됨은 다음과 같은 조건 하에서 알 수 있다.

① 상승구조가 아닌 하락구조가 나타났을 경우이다. 하락구조는 Low보다 더 밑으로 내려가는 Lower Low(LL)가 나타나고 High보다 더 낮은 Lower High(LH)가 출현하기 시작하면 된다.

② 이전 구조를 깨는 흐름이 나왔을 때이다. 이전 구조는 상승구조이므로 새롭게 형성되고 있는 하락구조에서 상승구조의 Low보다 더 낮은 Low가 나와야 상승구조는 깨진다. 즉 그림처럼 흰색 동그라미 친 부분에서 드디어 상승구조는 깨지고 하락구조 역시도 진행되는 흐름(LL, LH)이 나왔다. 여기서 하락구조로 전환되었다고 간주한다.

하락구조에서 상승구조로의 전환도 마찬가지의 논리이다. 상승구조의 조건인 HH와 HL이 출현하고, 하락구조의 조건을 깼을 경우에(하락구조의 High보다 더 높은 High가 출현했을 때) 상승구조로의 전환으로 간주한다.

구조를 파악하는 것은 추세추종이라는 말처럼 추세를 잘 활용하기 위함과, 하락구조 안에서 무분별하게 매수하지 않아도 된다. 또한 손절가를 정하기 쉽다는 장점도 있다. 매수한다면 이전 저점(Low) 아래에 손절가를 설정하면 편하다.

08 / 세력의 매집(Accumulation/Distribution)

차트를 보면서 한가지 생각해야할 것은, 이 차트가 매집의 형태를 만들고 있는가 아닌가를 보면 좋다. 매집이라는 것은 대량으로 물량을 사모으는 것을 말한다. Accumulation(축적)이라고 한다. 일정 범위의 박스권 형태 안에서 주로 매집이 이루어진다. 암호화폐의 경우 보통 2달 이상 매집을 하게 되면 어느 정도 매집으로서의 가능성을 충족한다. 일반적인 국내주식의 경우는 비슷하거나 조금 더 길게 매집하는 모습을 보인다. 매집이 끝나면 매집평균가격(박스권의 중간정도의 가격)의 최소 2~3배 이상의 가격상승이 나타난다. 당연히 매집의 기간이 길면 길수록 더 큰 상승이 나온다.

매집을 볼 때 롱매집과 숏매집이라는 것이 있다. 일반적인 매집이 롱매집이라면 숏매집은 주로 선물이나 마진거래에서 사용된다. 선물과 마진은 현물과 달리 레버리지(Leverage)라는 시스템이 존재하고 가격이 내려가도 수익을 볼 수 있는 공매도가 존재한다. 물론 레버리지는 주식에서도 미수나 신용, 주식담보대출 등의 형태로 일정부분 사용이 가능하지만 위험부담이 커서 특별한 상황이 아니면 사용을 자제해야 한다. 선물, 마진 시스템에서는 간단하게 생각하면 (공)매수(=Long), (공)매도(=Short)가 존재한다. 공매도는 가격이 하락해야 수익을 얻는다. 그런 차원에서 매집도 롱매집과 숏매집으로 구분된다. 롱매집은 매집을 마치면 박스권을 상방돌파해서 가격이 크게 위로 상승하는 것이라면 숏매집은 박스권을 하방돌파해서 가격이 크게 떨어지는 것이다. 이런 시스템이라면 공매도를 활발하게 할 수 있는 시장이나 종목의 경우가 그렇지 않은 시장보다 훨씬 하락의 강도가 강할 것이다. 하나의 장대음봉의 길이만 -5~-10%까지 되는 경우도 많다. 그러면 박스권 매집을 보고 어떻게 롱매집이냐 숏매집이냐를 알 수 있는가 하는 궁금증이 들겠지만, 그 답은 '알 수 없다' 이다. 몇 가지 특징으로 유추할 뿐이다.

자 그러면 매집이 어떻게 이루어지고 숨은 특징은 어떤 것이 있는지 살펴보자.

위 비트코인 차트(2018.12~2019.3월)를 보자. 매집의 형태가 나타났다. 박스권 형태의 매집이 약 128일(4달)정도 지속되었고 그 후 위로 상방이탈하여 상승매집으로 결론이 났다. 가격대는 3200~4200불로 1000불정도의 가격범위 안에서 매집이 이루어졌고 이후 13000불 후반대까지 상승하여 대략 4배정도의 큰 상승이 나왔다. 여기서 몇 가지 특징을 보자. 노란색 화살표로 표시한 캔들은 일명 '매집봉' 이다. 캔들의 모양은 망치를 거꾸로 놓은 형태의 모양(위의 꼬리는 길고 아래꼬리는 거의 없거나 짧으며 전체 캔들의 길이도 짧은 편)이 매집봉의 캔들이다. 매집봉은 세력이나 큰 고래들이 단기간에 높은 가격대에 분포한 매물들을 소화하는 과정에서 출현한다. 말그대로 물량을 모은 흔적일 가능성이 높다. 그리고 아래 빨간 동그라미로 표시한 부분은 거래량을 나타낸 지표인데 해당 매집봉의 거래량은 대체로 높다. 물론 무조건 이런 형태가 나오면 매집봉이라는 것은 아니지만 그럴 확률이 높다는 것이다. 매집봉은 자주 출현하는 것이 아니라 차트가 박스권 형태로 계속 지속(횡보)되면 지친 개미들이 자신들의 물량을 내놓을 때 출현한다. 한번 가격을 조금 올려주니 지친 개미들의 탈출기회가 된다. 매집봉은 언제 출현하는지는 모르며 알 필요조차 없다. 나의 매매와 관련이 없기 때문이다.

매집봉이 출현하면 보통 얼마 후에 큰 음봉이 출현할 가능성이 많다. 그 이유는,

① 패닉셀(큰 하락에 개미들이 일제히 파는 것)을 유도해서 그 물량을 챙기려는 이유
② 큰 음봉을 만들 때 거래량이 크게 동반되지 않으면 개미들의 물량이 많지 않다고 판단할 수 있어 개미의 물량을 확인하기 용이하다.
③ 그리고 매집봉 → 큰 음봉의 출현이 반복되면 기다리다가 지친 개미들도 매도에 동참하게 된다. 처음 1차 매집봉과 2차 매집봉, 3차 등등 매집봉의 반복과정

에서 또한 해당 거래량이 줄어들게 되면 개미들의 물량이 이제 별로 없다고 판단할 수 있는 것이다.

위 비트코인 차트에서도 4달의 기간 동안 일봉기준 최소 2~3번 정도의 매집봉 형태가 출현했고 그리고나서 큰 가격상승이 왔다. 이제 상당히 많은 물량을 고래가 확보했기 때문에 가격을 상승시키는데도 크게 무리가 없다. 돈이 들지 않는다는 것이다. 그래서 긴 장대양봉을 동반한 몇 배의 큰 상승이 와도 거래량 자체는 엄청 크지 않은 것이 특징이다.

세력(고래)들이 샀던 비트코인의 평균 단가(평단가)는 3200~4200불 사이에 존재할 것이다. 우리가 할 일은 이러한 매집의 형태가 보인다면 매집봉 이후나 큰 상승 이전 패닉셀이나 박스권 중간정도의 가격에서 그들과 비슷하게 조금씩 사모으면 된다. 고래들도 1차와 2차, 많게는 3차까지 가격대를 낮춰서 매집할 수 있지만 그래도 최대한 자신들의 평단가는 지키려고 할 것이기 때문이다. 내가 보는 매집이 혹시나 내가 생각하는 매집이 아닐 수 있다. 따라서 박스권 하방이탈시에 손절가를 잡으면 된다.

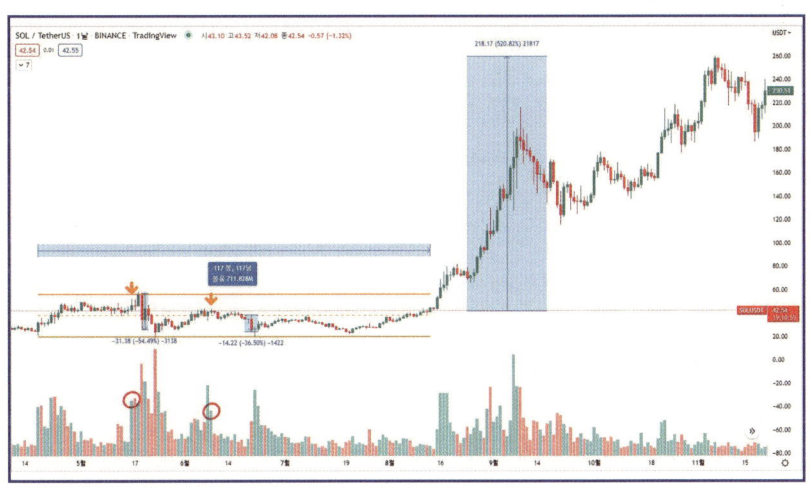

또 다른 예로 솔라나(SOLANA)라는 코인을 보자.

비트코인으로 매집을 확인했지만 사실은 시가총액이 더 작은 알트코인일수록 더 매집의 형태가 잘 드러난다(매집기간도 더 길어질 수 있음). 솔라나도 약 117일 정도의 매집기간이 있었고 매집봉의 형태도 최소 2번이상 나타났다. 23불~59불 정도의 가격범위 안에서 매집이 있었는데 꽤 큰 차이이다. 그래서 단기로 짧게 매매하는 사람들의 경우에는 매집이라는 생각보다는 변동성이 엄청 큰 구간이라고만 생각하고 있었을 것이다. 하지만 큰 그림에서 보면 매집의 형태가 나타났고 박스권 하단 가격대를 지켜준 것으로 봐서 매집의 가능성을 염두에 두고 있었다면 큰 상승을 놓치는 아쉬움은 없었을 것이다.

 TIP

매집이 끝나고 매집구간 돌파가 일어난 후에 유의할 것은, 롱포지션을 청산시키기 위한 아랫꼬리를 길게 남기는 하락빔이 나타날 확률이 높기 때문에 주의해야 함.

09 / 펀딩피(Funding fee)는 무엇인가?

펀딩피를 설명하기 앞서 전통적인 선물이 무엇인지 먼저 알아두자.

기존의 전통적인 금융상품을 토대로 만든 파생상품 중에는 선물이라는 것이 있다. 선물이라는 것은 특정한 미래시점의 가격을 예측해서 미리 사거나 파는 것을 말한다. 예를 들면, 내가 오늘 과일가게에 갔는데 사과 한 박스가 2만원이라고 해보자. 오늘 그냥 사면 이것은 현물거래이다. 하지만 이런 생각을 할 수 있다. 분명히 6개월 전에는 15000원이었는데 그 때 미리 살걸, 이라고 생각할 수 있다. 이 생각으로부터 기인한 파생상품이 선물이다. 6개월 후에 사과 한박스가 3만원이 된다고 예상하면 나는 사과가 필요없더라도 차액을 남기기 위해 오늘 2만원에 사과를 살 것이다. 이처럼 선물은 특정한 기한을 정해두고 현재시점에 거래를 하게 된다. 그래서 선물은 만기일이라는 것이 존재한다. 표준으로는 1개월, 2개월, 3개월, 6개월, 1년정도의 만기일을 두고 거래를 하게 되는데, 3개월물, 6개월물이라고 표현한다. 기한이 도래하기 시작하면 매수자나 매도자들은 각자의 이익을 좇아 특정한 행동을 취하게 된다. 왜냐면 기한이 도래했을 때 이득을 보고 있건 손해를 보고 있건 자동으로 현재 포지션이 청산되기 때문이다. 이렇게 기한을 두는 것을 통해 수요와 공급은 조절이 되고 시장은 균형을 이룬다.

하지만 코인시장에는 무기한 선물이라는 것이 존재한다. Perpetual Futures라고 한다.

기한이 없기 때문에 계속 매수한 코인을 가지고 있을 수 있다. 내가 원하는 시간만큼 가지고 있다가 청산하고 싶을 때 청산할 수 있다. 그렇다면 수요와 공급은 어떻게 조절할 수 있을까?

펀딩피로 조절할 수 있다. 펀딩피는 바이낸스(Binance)나 바이비트(Bybit), 비트멕스(Bitmex) 등 무기한 선물을 취급하는 거래소에서 찾아볼 수 있다(필자는 Bybit 거래소를 주로 사용함). 또한 펀딩피의 중요한 역할은 현물시장과 선물시장의 가격 차이(Gap)을 줄여준다. 큰 상승장에서는 선물시장의 가격이 현물시장의 가격보다 높은데 이런 차이를 조금은 완화시켜주는 역할을 하는 것이다. 코인시장에서 알트코인이 비트코인보다 더 펀딩피가 높은 경향의 구간이 많은데, 이는 비트코인의 주문창(Orderbook)의 호가가 알트코인보다 촘촘하기 때문이다.

아래는 바이낸스에서 펀딩피와 2주간의 펀딩피 추이를 나타낸 그래프이다.

출처: Binance

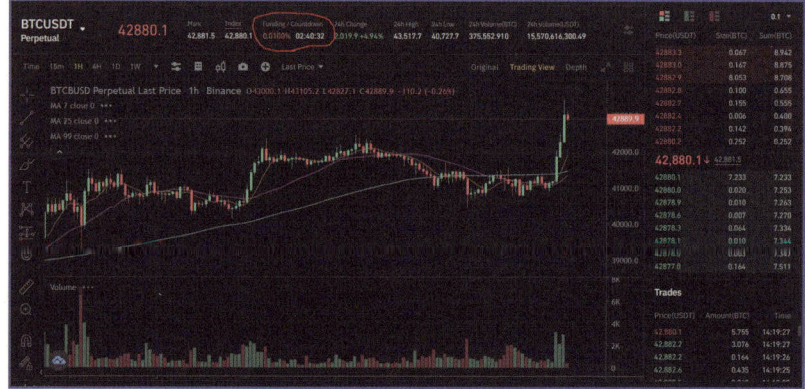

출처: Binance

위 사진에서와 같이 펀딩피는 거래소 상단에서 찾아볼 수 있다. Funding이 현재 0.01%라고 되어있다. 이는 펀딩율(Funding rate)라고 한다. 0.01~0.02%이면 무난하고 0.02~0.075는 조금 높은 정도, 0.075 이상이면 매우 높다. 최대 0.375%까지 올라갈 수 있다.

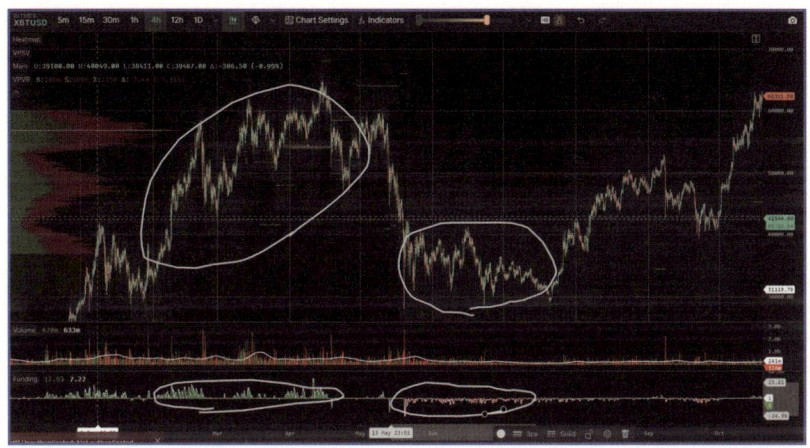

트레이딩 라이트의 가격과 펀딩율이다. 좌측은 펀딩율이 양수로 높았던 시기(롱->숏 지급)가 많았고 우측 동그라미친 부분은 펀딩율이 음수로 낮았던 시기(숏->롱 지급)가 많았다.

펀딩피는 이 펀딩율을 바탕으로 책정되는 수수료같은 개념이다. 펀딩피가 +(양수)이면 롱포지션 플레이어들이 숏포지션 플레이어들보다 많다는 의미이고 그래서 롱포지션을 가지고 있는 트레이더들이 숏포지션을 가지고 있는 트레이들에게 펀딩율로 계산된 펀딩피를 주게 된다. 반대로 -(음수)이면 숏포지션이 롱포지션들에게 주게 된다. 그림에서 Funding 옆에 Countdown이라고 되어있는데 8시간마다 한번씩 갱신되고 0이 되면 펀딩피가 빠져나가거나 지급이 된다. 그렇다면 하루 중에는 8시간씩 총 3번(01:00, 09:00, 17:00) 이렇게 펀딩피가 계산되어 정산된다. 펀딩피는 거래소에 수수료로 내는 것이 아니며 서로 다른 포지션들끼리 교환하는 개념이다. 이는 곧 시장의 불균형을 약간 해소하는 역할을 한다. 극도의 상승장이라고 한다면 과반수의 시장참여자들이 롱포지션을 선택하기 때문에 적당한 펀딩피를 내는 것으로 과열을 진정시킬 수 있다(미미하긴 하다). 굳이 불필요한 비용을 하루에 3번씩 계속 내는 것을 좋아하지 않는 트레이더들도 있기 때문이다. 적당한 수익을 보면 펀딩피를 지급하지 전에 청산한다.

비트코인 시장은 전체적으로 계속 상승하는 방향으로 가고 있기 때문에 특별한 경우가 아니면 보통 롱포지션이 펀딩피를 내는 구조가 된다. 포지션을 오래 들고 있는다고 한다면 이 펀딩피를 무시할 수는 없을 것이다. 물론 수익을 많이 보고 있다면 무시할 수는 있겠지만 손해를 보고 있다면 펀딩피까지 더 추가된 손해를 보게 된다.

펀딩피는 내 포지션 금액 * (펀딩율/100)으로 계산한다. 가령, 1000만원을 투자했을 때 펀딩율이 0.01%였다면 1000만원 * 0.0001 = 1000원이다. 이것을 하루 3번이면 3000원을 낸다. 하지만 내가 레버리지를 10배로 사용해서 1000만원으로 1억을 투자한다고 해보자. 그렇다면 1억원 * 0.0001 = 10000원이다. 하루 3만원을 내 원금인 1000만원에서 빠져나간다. 이번엔 더 고레버리지로 100배를 한다고 해보자. 1000만원으로 10억의 주문을 하면 하루 30만원이 내 원금 1000만원에서 빠져나간다. 이는 굉장히 큰 금액이기 때문에 고레버리지를 사용하는 사람들은 펀딩피지급되기 선에 난타도 빠르게 치고 나가야 한다.

펀딩피는 중요한 개념이다. 주로 큰 추세를 보는 시야에서 더 의미가 크다. 큰 상승장일 때 펀딩율이 +(양수)로 높다면 유의미한 상승을 하고 있다고 판단할 수 있다. 지지대에서 펀딩율이 너무 높거나 저항대에서 펀딩율이 너무 낮으면 한번씩 반대 방향으로 휩소가 발생할 수 있으니 조심해야 한다.

10 / 마스터링 다이버전스(Mastering Divergence)

다이버전스는 가격(price)과 지표(indicator)가 서로 다른 움직임을 보일 때 나타나는 현상이다. 예를 들면, 가격이 상승하면 매도압력은 낮아지고 매수압력이 강해져서 지표도 같이 상승하고 반대로 가격이 하락하면 매수압력은 약해지고 매도압력이 강해져서 지표도 같이 하락하는 것이 일반적인 흐름이다. 하지만 횡보에서 상승이나 하락으로의 추세(Trend)가 만들어질 때, 또는 추세가 갑자기 전환될 때는 가격과 지표간에 다르게 움직이는 괴리가 일어나 다이버전스가 생길 수 있다. 하지만 항상 다이버전스가 생기지는 않기 때문에 유심히 관찰하는 것이 좋다.

필자는 다이버전스 하나만을 근거로 절대로 매매하지 않는다. 다른 지표나 TA(기술적분석)과의 Confluence(겹쳐보기)를 활용한다. 그리고 엄청 자주 체크하지는 않는다. 그렇지만 필요할 때는 꼭 본다.

다이버전스는 3가지가 있다.

1. 상승 다이버전스(Bullish divergence)
2. 하락 다이버전스(Bearish divergence)
3. 히든 다이버전스(Hidden divergence)

먼저 상승 다이버전스부터 알아보자.
- 가격은 저점을 낮추며 하락(Lower Low)
- 지표(Indicator)는 저점을 높이며 상승(Higher Low)

위와 같이 가격은 LL을 만들고 지표의 오실레이터는 HL을 만들면 상승 다이버전스로, 가격은 상승할 가능성이 높아진다. 그렇다면 롱 포지션을 설정하는 시점(타점)은 어디일까?

보통은 이렇게 두번째로 가격과 지표 오실레이터 간의 괴리가 일어나면 다이버전스가 출현하는데 이 때 들어가기에는 리스크가 있는 편이다.

따라서 이렇게 2번째가 아닌 3번째 다이버전스에서 포지션을 진입하는 것이 훨씬 더 확률이 높다. 통상 3~4번째에서 진입하는 편이다.

상승 다이버전스는 하락추세 또는 하락파동이 3~4차례 정도로 지속적으로 발생할 때 출현하면 점차 매도압력은 약해지고 추세가 상승(단기 or 장기)으로 전환될 수 있기 때문에 적절한 지지선(Support line)을 찾고 준비해야 한다.

하락 다이버전스는 다음과 같다.

- 가격은 고점을 높이며 상승(Higher high)
- 지표(Indicator)는 고점을 낮추며 하락(Lower high)

하락 다이버전스도 상승추세 또는 상승파동이 3~4차례 정도로 지속적으로 발생할 때 출현하면 점차 매수압력은 약해지고 추세가 하락(단기 or 장기)으로 전환될 수 있기 때문에 적절한 저항선(Resistance line)을 찾고 준비해야 한다.

비트코인 일봉차트이다. 고섬산 높았지만(HH) 시고 모실베이머의 고심은 넛추고(LH) 있다. RSI로는 가격은 높아지고 있지만 매수압력은 매도압력에 비해 점차 약해지고 있다고 해석한다. 이 다이버전스를 체크했다면 적어도 매수를 고점에서 하거나 매수물량을 홀딩하지는 않았을 것이다. 지표는 RSI(Relative Strength Indicator, 상대강도지수)를 활용할 수도 있고 MACD, Stochastic, CVD 등을 활용한다. 필자는 개인적으로 CVD를 많이 본다. 추후에 다룰 것이다.

● 이더리움차트 하락 다이버전스 ●

다이버전스는 HTF에서 보는 것이 신뢰도가 높다. HTF에서 보더라도 다이버전스가 안맞을 때도 있다. 그래서 다른 기술적 지표와 Confluence하는 것은 매우 중요하다.

LTF에서 보면 이런 경우가 잦다.

Bearish Divergence인데 하락하지 않고 상승하는 경우이다. 이 경우에는 다른 지표에서 상승의 힘(상승 모멘텀)이 강했기 때문이다. 따라서 다른 지표들도 충분히 고려해서 판단해야 한다.

이번에는 히든 다이버전스를 알아보자.

일반적인 상승 다이버전스나 하락다이버전스는 추세전환(Reversal) 신호인데 이와 달리 히든다이버전스는 추세지속(Continuation) 신호이다.

히든 다이버전스에도 히든 상승 다이버전스(Hiden Bullish Divergence), 히든 하락 다이버전스(Hidden Bearish Divergence) 이렇게 2개로 나뉜다.

먼저, 히든 상승 다이버전스는 다음과 같다.
- 가격은 저점을 높이며 상승(Higher Low)
- 지표 오실레이터는 저점을 낮추며 하락(Lower Low)

주로 상승하는 추세 속에서 히든 상승 다이버전스(Hidden Bullish Divergence)가 출현하고, 이렇게 출현하면 가격은 계속 상승할 수 있으니 조정 때 사는 전략을 취한다.

히든 하락 다이버전스는 다음과 같다.

- 가격은 고점을 낮추며 하락(Lower high)
- 지표 오실레이터는 고점을 높이며 상승(Higher high)

주로 하락하는 추세 속에서 히든 하락 다이버전스(Hidden Bearish Divergence)가 출현하고, 이렇게 출현하면 가격은 계속 하락할 수 있으니 저항선에서 파는 전략을 취한다.

히든 다이버전스를 제외한 일반 다이버전스도 사실 Class별로 3가지로 나눈다.

- Class A

  가장 강한 다이버전스. 지금까지 위에서 봤던 일반적인 다이버전스.

- Class B

  중간정도 강도의 다이버전스. 가격은 쌍봉(Double Top)일 때 오실레이터는 고점을 낮추며 하락(Lower High) / 가격이 쌍바닥(Double bottom)일 때 오실레이터는 저점을 높이며 상승(Higher Low)

- Class C

  약한 다이버전스. 가격은 Higher High일 때 오실레이터는 쌍봉 혹은 약간의 Lower High / 가격이 Lower Low일 때 오실레이터는 쌍바닥 혹은 약간의 Higher Low.

Divergence Class(A~C)는 차트에서 LTF(1시간봉 이하)에서 주로 단기매매로 사용하면 좋다. 아래는 예시이다.

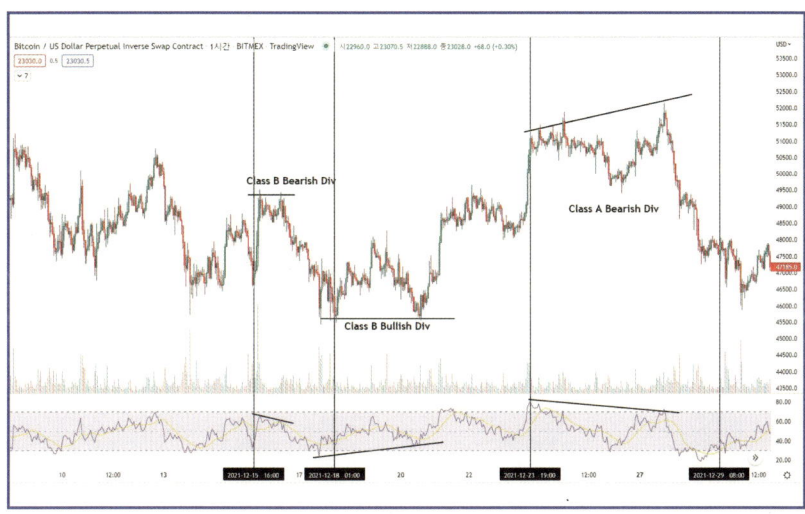

Chapter 4

필수 기본 패턴
(Essential Basic Patterns)

01 / 자주 출현하는 삼각수렴(Triangle)

차트에서 흔히 볼 수 있는 패턴 중 하나가 바로 삼각수렴(Triangle)이다.

매우 간단하면서도 유용한 패턴으로 많이 활용된다. 삼각수렴은 3가지로 나눌 수 있다.

상승 삼각수렴(Ascending Triangle), 하락 삼각수렴(Descending Triangle), 대칭 삼각수렴(Symmetrical Triangle)이다.

먼저 어센딩 트라이앵글부터 보자.

기본적으로 추세가 지속되는 패턴이고 수렴이 끝나면 상승돌파하는 패턴이다.

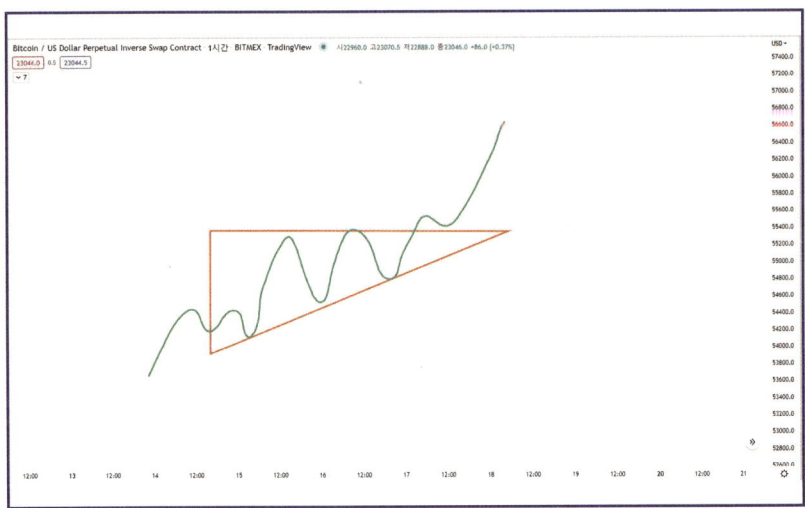

이런 식으로 전체적인 모양이 아래 빗변이 올라가는 삼각형 모양으로 차트가 진행되면 어센딩 트라이앵글이다.

한가지 주의할 점은,

이렇게 수렴이 위 라인과 아래 라인에 골고루 터치하지 않고 하얀 박스처럼 빈 공간이 많으면 수렴이라고 볼 수 없다.

삼각수렴이 진행이 될 때는 주로 거래량이 줄어든게 된다. 그리고 돌파할 때 거래량이 많이 터지는데, 생각보다 거래량이 많이 터지지 않으면 상승폭이 크지 않을 확률이 높다.

돌파시에 목표값은 간단하다. 위 차트의 예시처럼 수렴 시작부분의 높이만큼 돌파할 때부터 그 높이만큼 상승한다. 하지만 항상 쉽게 상승만 하지는 않을 것이다. 반대로 하락할 때도 있다. 각 상황별로 진입을 어떻게 하는지 보자.

조금 공격적인 트레이더들은 위와 같이 수렴 하단부를 터치했을 때 Market Structure에서 그 이전 저점 아래에 Stop Loss를 놓고 진입할 수 있다. 이전 저점 아래에 두는 이유는 그 이하로 내려가면 상승구조가 깨지고 하락구조가 시작될 수 있기 때문이다. 이런 경우 보통 다시 수렴 하단을 리테스트(retest)하고 하락하는 흐름이 나올 수 있다.

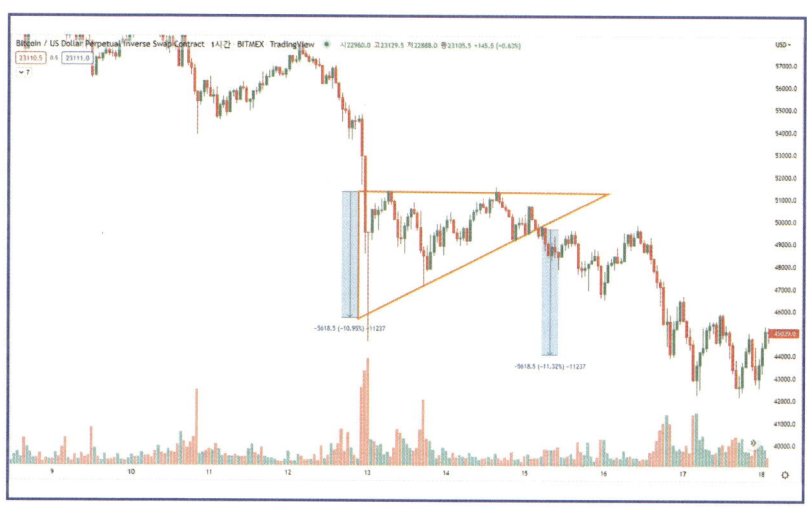

위와 같은 경우가 상승 진입시 손절되고 하락구조를 만들어 내려가는 경우이다. 이 때는 다시 리테스트할 때를 기다려서 숏을 진입하는 것이 좋다.

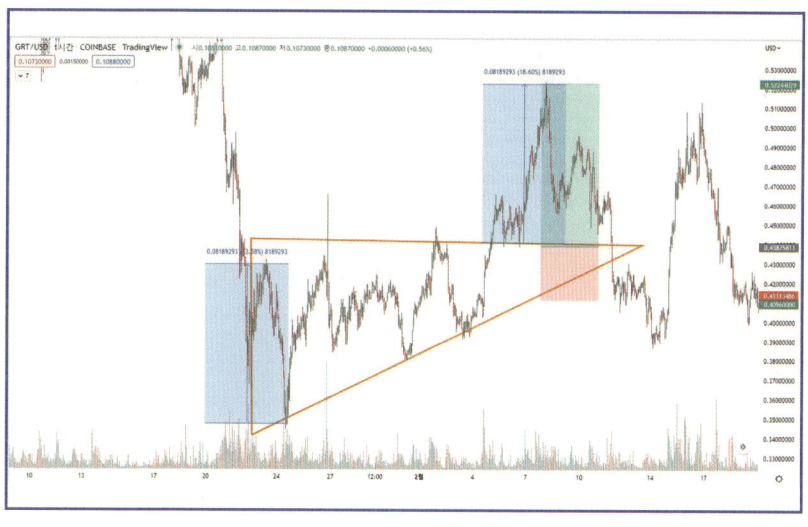

상방 돌파시 안정적으로 수렴 상단을 리테스트한 시점부터 손절가(Stop Loss)를 수렴 하방으로 놓고 진입할 수도 있다. 조금 더 안정적인 진입이라고 볼 수 있겠다.

이런 식으로 디센딩 트라이앵글(Descending Triangle), 시메트리컬 트라이앵글도 같은 맥락으로 볼 수 있다.

디센딩 트라이앵글은 다음과 같다.

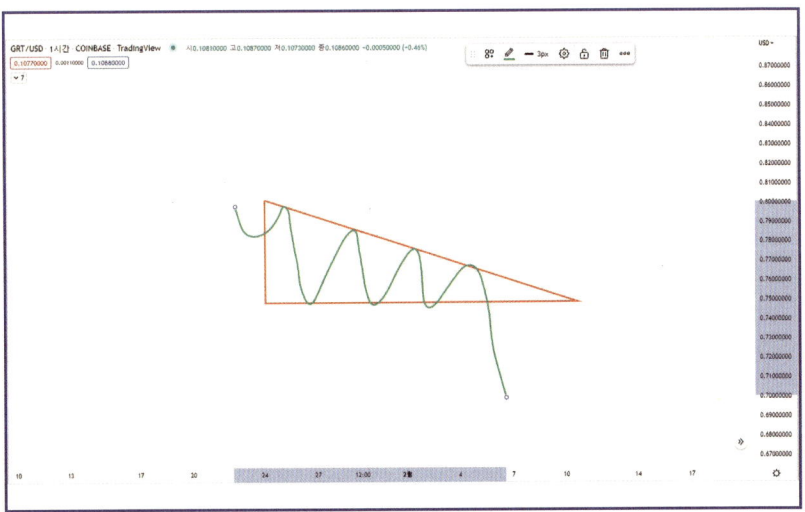

위에 빗면이 아래로 경사진 삼각형 모양이다. 이 역시 하락하는 패턴이고, 어센딩 트라이앵글과 마찬가지로 위, 아래 모두 골고루 터치해주는 것이 더 좋은 수렴이다.

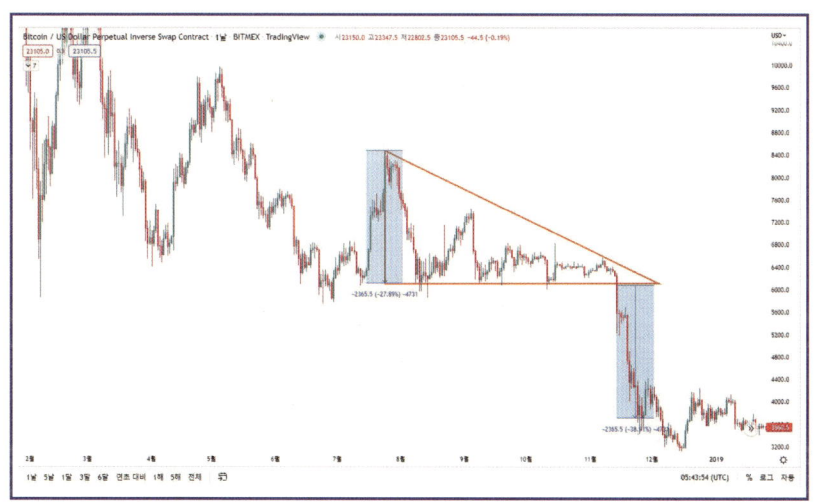

　진입은 수렴 상단에 터치했을 때 이전 고점(Lower High) 위에 Stop Loss를 놓고 공격적인 진입을 하는 것과, 하방돌파 시 리테스트할 때 진입하는 안정적인 방법이 있다.

　마지막으로 시메트리컬(대칭) 트라이앵글이다.

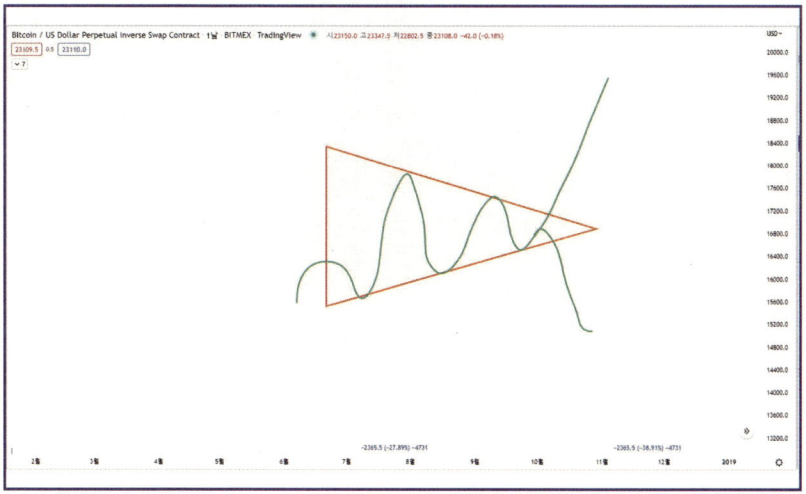

시메트리컬 트라이앵글은 수평선 없이 위 아래 모두 빗면인 경우이다. 한마디로 대칭삼각형을 옆으로 눕힌 모양이다. 이 삼각수렴은 상승이나 하락패턴이 아니라 수렴하는 것 그 자체의 의미를 둔다. 수렴을 하면 수렴 끝에는 꼭 방향성이 나오기 마련이다. 따라서 이 수렴은 상방이든 하방이든 돌파를 하고 나서 리테스트할 때 주로 진입한다.

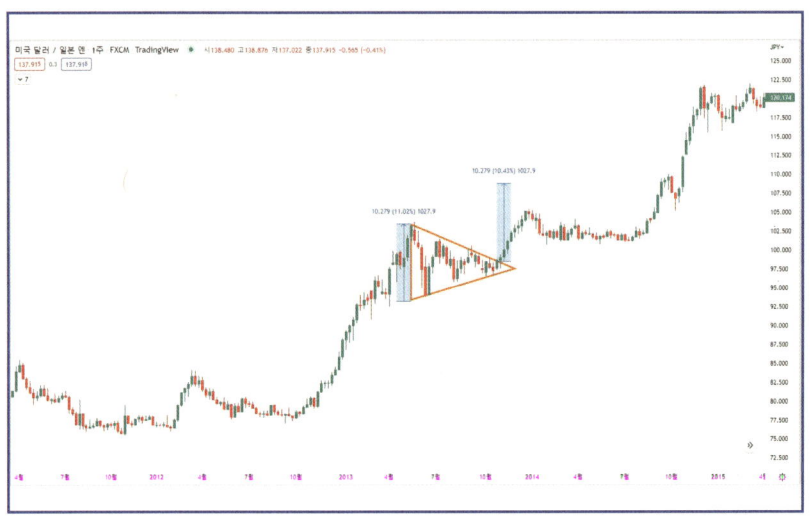

수렴 돌파시 주의사항이 있다.

삼각수렴은 위와 같이 수렴 돌파하는 시점에 다다를 때 스탑 헌팅(손절가를 터치해서 손절시키는 것)이 잦아진다. 하나의 수렴에서 위와 아래 모두에서 스탑 헌팅이 일어나는 현상도 종종 찾아볼 수 있다. 이를 미리 알 수 있는 방법은 당연히 없다. 삼각수렴을 상승돌파하기 위해서는 돌파할 때 저점을 단계적으로 높이는(Higher Low) 모양이 거래량의 상승과 함께 안정적으로 나타나기 때문에 이와 조금 상반되는 움직임이 일어나면 의심해보자. 위 그림도 마찬가지로 스탑 헌팅에서 우선 거래량이 좋지 않았다. 그리고 수렴 상단에서의 스탑헌팅은 특히나 상단의 강한 저항대를 건드렸기 때문에 적은 거래량으로 돌파할 수는 없어보였다.

여러 전략들과 Confluence해보거나 비중조절을 통해 삼각수렴 매매를 해보자.

02 / 쐐기(Wedge)의 이해와 응용

쐐기는 너무나도 유명한 패턴이다. 상승 쐐기(Rising Wedge), 하락 쐐기(Falling Wedge), 이렇게 2가지가 있고 상승쐐기는 하락, 하락쐐기는 상승을 하는 반전 패턴(Reversal Pattern)이다. 가장 활용하기 좋고 찾기도 쉬운 패턴이다.

삼각수렴의 다른 버전이라고 보면 된다.

먼저 상승쐐기를 보자.

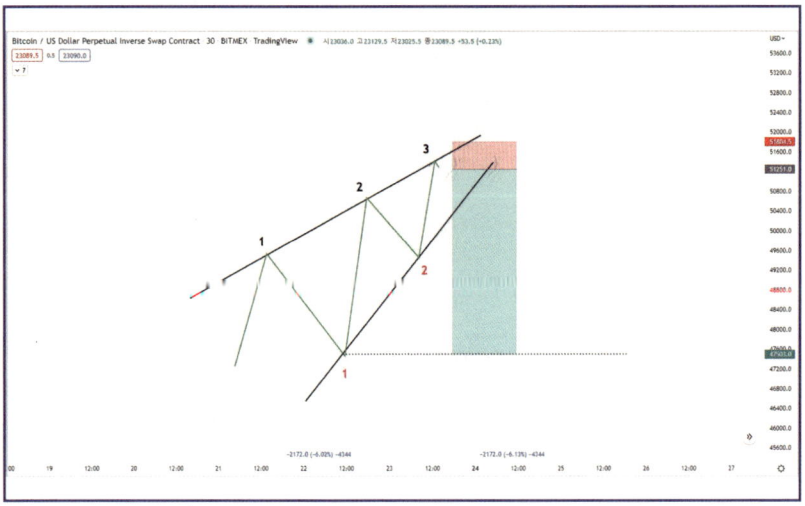

위 그림과 같이 상승하는 방향으로 좁은 삼각형 모양이 상승 쐐기이다. 상단을 3번, 하단을 2번 터치하고 있다. 이것은 최소 터치횟수이고 더 많은 경우도 많다. 거래량은 쐐기의 모양이 만들어짐에 따라 줄어든다. 그리고 쐐기를 하락돌파할 때 거래량이 상승한다. 상승쐐기를 하락돌파하면 목표가는 최대 주황색 1번과 같이 쐐기가 시작된 하단까지이다.

체인링크의 예시이다. 상승쐐기가 진행되면서 거래량은 줄어들고 있고 쐐기를 하방돌파할 때 거래량이 많아지는 모습을 볼 수 있다.

다음은 하락쐐기이다.

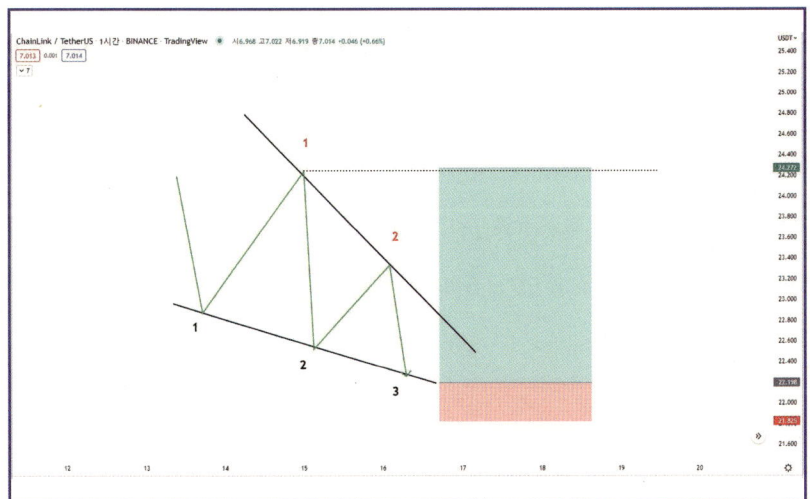

위 그림과 같이 하락하는 방향으로 좁은 삼각형 모양이 하락 쐐기이다. 하단을 3번, 상단을 2번 터치하고 있다. 이것도 역시 최소 터치횟수이고 더 많은 경우도 많다. 거래량은 쐐기의 모양이 만들어짐에 따라 줄어든다. 그리고 쐐기를 상승돌파할 때 거래량이 상승한다. 하락쐐기를 상승돌파하면 목표가는 최대 주황색 1번과 같이 쐐기가 시작된 상단까지이다.

쐐기의 익절가를 한번 살펴보자.

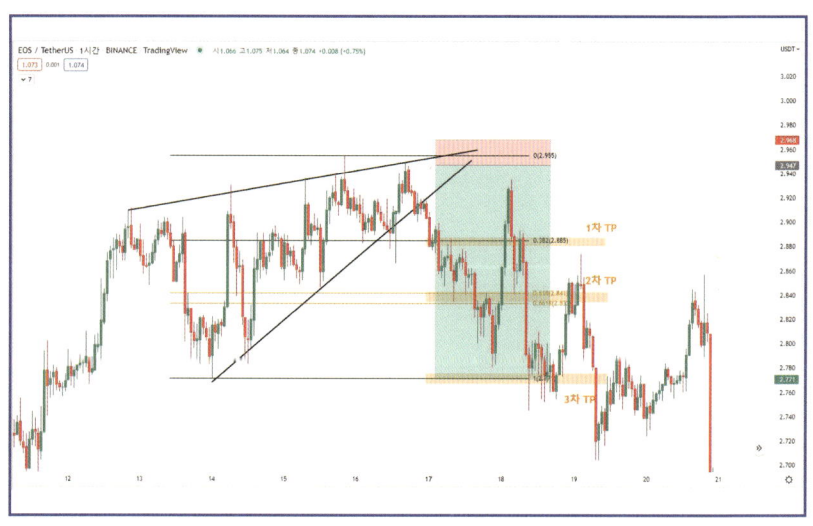

피보나치를 쐐기의 시작점과 끝점까지 설정해준 후에 .382, .618, 1까지 3차례에 걸친 부분익절을 할 수 있다. .618에서 모두 익절하거나 1에서 모두익절할 수 있지만 안전하게 부분익절하는 것을 추천한다.

쐐기 역시도 Confluence가 중요하다. 위와 같이 하락쐐기의 경우 쐐기 하단에서 정말 상승할 것인지 의문이 든다면 쐐기 하단이 적절한 지지선인지 알아야 한다.

가장 좋은 것은 수평레벨 또는 오더블럭(Order Block, 해당 챕터에서 확인하자) 등과 겹치는지 확인하자. 그리고 하락쐐기가 정말 상승하기 위해 상승다이버전스가 발생하는지도 같이 보면 좋다.

하락쐐기 패턴의 Confluence이다.

① 4시간봉 오더블럭이 쐐기 하단부에 있기 때문에 적절한 지지점이다.

② Daily level이 또한 쐐기 하단부에서 지지해주고 있다.

③ RSI 상승다이버전스가 출현하고 있고 신뢰도가 높은 3번째 터치일 때 쐐기 하단부와 맞물린다.

이러한 Confluence 조건에 따라 더 높은 신뢰를 가지고 하락쐐기 하단에서 (공)매수를 할 수 있다.

상승 쐐기에서도 하락 다이버전스(Class C Bearish Divergence)와 Weekly level이 저항선이 되어주고 있기 때문에 (공)매도하기 좋은 지점이 된다.

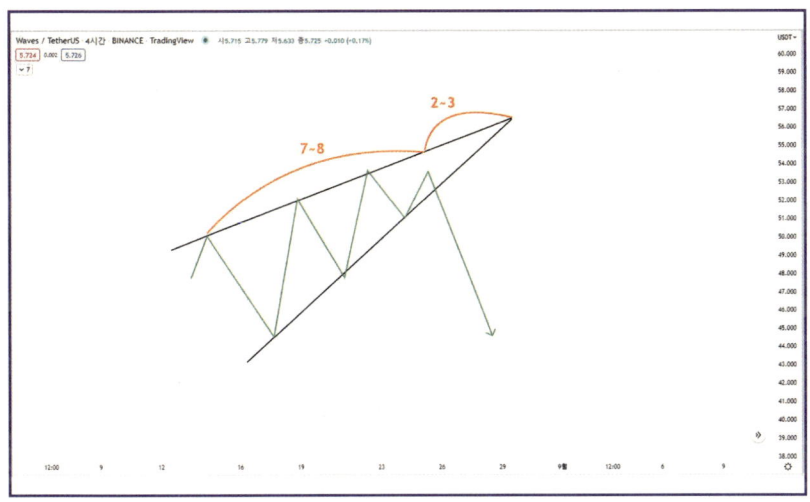

    삼각수렴과 마찬가지로 쐐기 역시 패턴을 돌파하는 시점부터 쐐기패턴이 었음이 확정(Confirmation)된다. 돌파하는 시점은 쐐기의 시작점부터 쐐기 라인 (Trendline)을 끝까지 연결했을 때 꼭지점까지의 길이를 총 10이라고 하면, 7~8까지 쐐기패턴이 진행되고 2~3을 남기고 돌파를 하는 것이 일반적이다.

쐐기로부터 돌파하는 시점이 다가오면 위 그림과 같이 스탑 헌팅(횡소)가 자주 출현한다. 이러한 스탑 헌팅은 1번 내지 2번정도 출현을 한다.

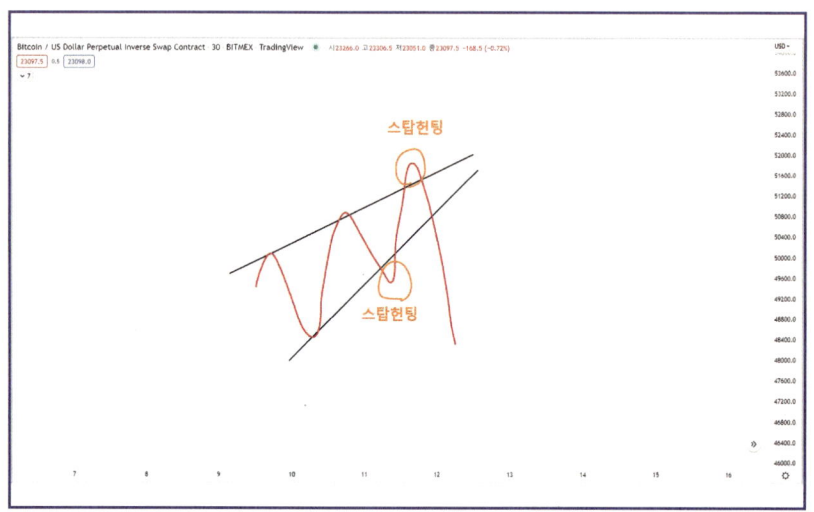

예컨대 이런 식으로 말이다.

따라서 쐐기패턴이 출현했을 때 돌파하는 시점이 오면 스탑 헌팅(휩소)를 주의하자.

03 / 가장 활용도가 높은 채널(Channel)

채널은 실전에서 가장 자주 쓰고 활용도가 매우 높은 기법이다. 분석에 있어서 꼭 빠지지 않고 등장하는 필수 스킬이라고 보면 된다. 차트가 옆으로 진행이 되고 있을 때는 채널(특히 평행채널, Parallel Channel)을 형성하면서 진행될 확률이 높다. 많은 트레이더들은 이렇게 옆으로 차트가 진행되는 상황을 횡보라고 해서 그냥 지켜보는 경우도 많다. 그리고 위든 아래든 돌파할 때 매매를 하는 경우가 많은데, 그 많은 트레이더들이 돈을 잃는 이유가 여기에 있다. 채널 안에서 많은 수익을 낼 수 있는 기회를 얻을 수 있다.

채널은 평행채널도 있지만 경사가 있는 채널도 있기 때문에 많은 연습을 통해 채널을 찾을 수 있어야 한다. 그렇게 되면 정말 활용도가 매우 높아질 것이다. 다른 기술적 분석과 Confluence를 할 때 좋은 도구이기도 하다.

채널은 상단과 하단 라인이 평행하고 그 중간값이 표시되어 있다. 피보나치 되돌림에서 보면 0.5라인이라고 볼 수 있고 중간값이라고 해서 EQ라고 표현한다.

위 비트코인 차트에서처럼 채널이 구성되려면 최소 상단을 2번(저항), 하단을 2번(지지) 터치하면 만들어진다. 상단과 하단에서 매매를 할 수 있다.

이런 식으로 채널 상단에서 저항(망치형 캔들 또는 하락장악형 캔들 활용해도 좋음), 채널 하단에서 지지(역망치형 캔들 또는 상승장악형 캔들 활용해도 좋음)로 작용하기 때문에 포지션을 설정하면 된다. 채널을 상승돌파한 이후로는 채널

상단이 저항에서 지지로 바뀐다.

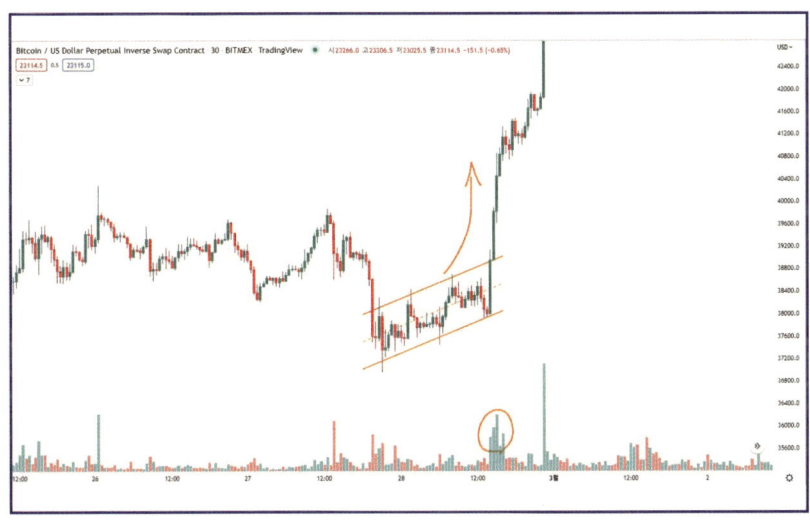

실제로 Fakeout이 아니라 Breakout(돌파)이 된다면 분명 거래량이 크게 상승한다.

채널의 하단에서 매수를 했다면 중단값(Middle line)에서 리스크를 없애는 전략을 사용하는 것이 안전하다. 가령, 하단에서 일정 금액을 매수 후 중단값에서 40~50%를 익절하고 미리 설정했던 손절가(SL)를 진입가 혹은 익절금액을 고려한 손익분기점까지 조정해서 리스크를 없애는 것이다. 이렇게 하면 채널을 이용한 매매를 할 때 심리적으로도 상당히 안정적인 매매를 할 수 있다.

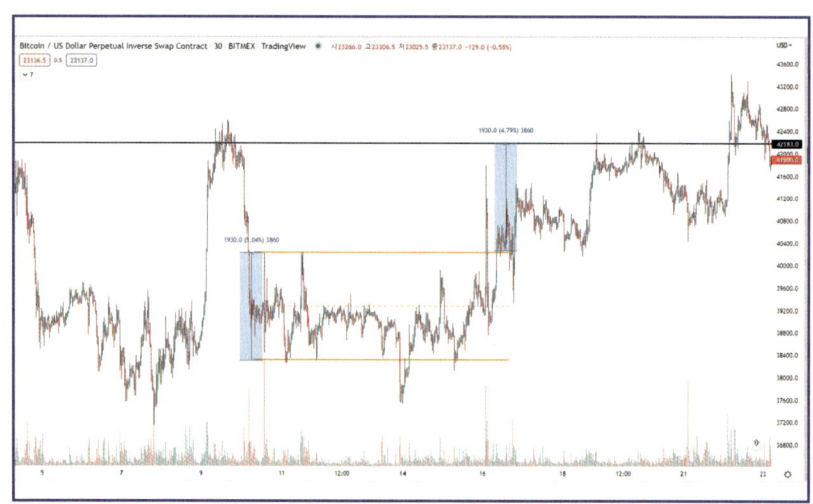

채널의 익절가는 채널 돌파 후 해당 채널의 가격높이만큼 상승 또는 하락한다. 위 차트에서는 해당 채널의 가격만큼 상승을 했는데 상승하기 전에 채널 상단부를 리테스트하는 것이 일반적이다.

큰 상승이나 큰 하락이 이어지기 전 횡보(Consolidation) 채널이 이루어지고 있다. 상승 후 다시 하락한다면 이렇게 횡보했던 채널(Old Channel)에서 다시 지지

가 된다. 채널 상단과 하단에서 각각 지지가 되었다. 이런 채널은 돌파했다고 해서 지우지 않는 것이 좋다.

위 차트는 피보나치 채널을 이용했다. 피보나치 채널은 일봉 이상 HTF에서 더 활용가능성이 높다. 0.618과 0.6618에서 큰 반등이 나왔다.

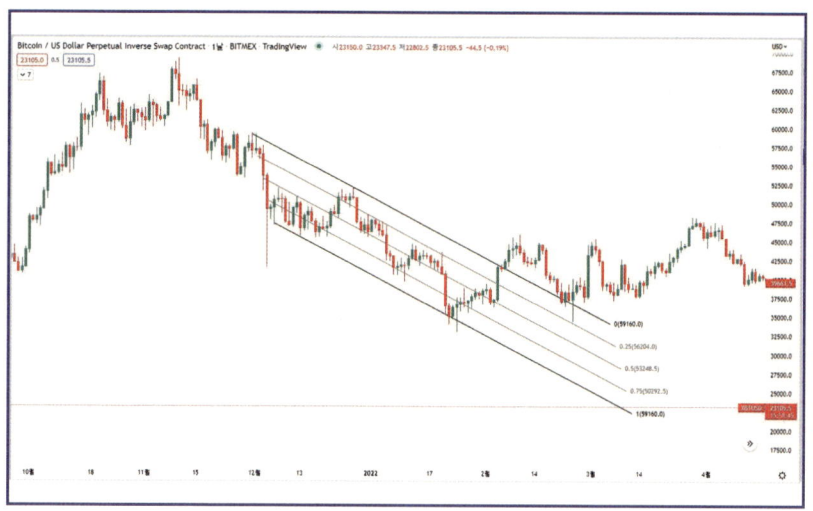

위 그림도 피보나치 채널을 활용한 것인데 이번에는 0, 0.25, 0.5, 0.75, 1 로 피보나치 라인을 설정해서 적용한 결과이다. 위 사진처럼 하락채널을 벗어나면 하락추세는 거의 끝이 나고 횡보 또는 상승추세로 이어질 가능성이 높다. 이는 HTF이기 때문에 신뢰도 또한 높다.

요즘 시장상황에서는 채널 진행 중에 한 두번씩(최소 한번) fakeout이 나타나는 경우가 많다. Fakeout이 발생하고 다시 채널 안으로 회귀하여 반대방향으로 진행되곤 한다.

위 차트에서처럼 채널 상단에서 돌파하는 척하다가 다시 채널 안으로 들어와서 하방으로 빠진 것을 확인할 수 있다. 따라서 채널을 돌파하는 움직임이 나오면 관망하는 등 한 박자를 쉬고나서 Trap을 걸러낸 후 반대로 진입하는 것이 더 확률적으로 좋은 시장이다. 미래의 시장은 또 다르게 변화할 수 있지만 요즘의 시장은 이렇다. 물론 미래의 시장이 변화한다 해도 Trap(fakeout)을 어떻게 사용하는지를 잘 파악만 하면 될 것이다.

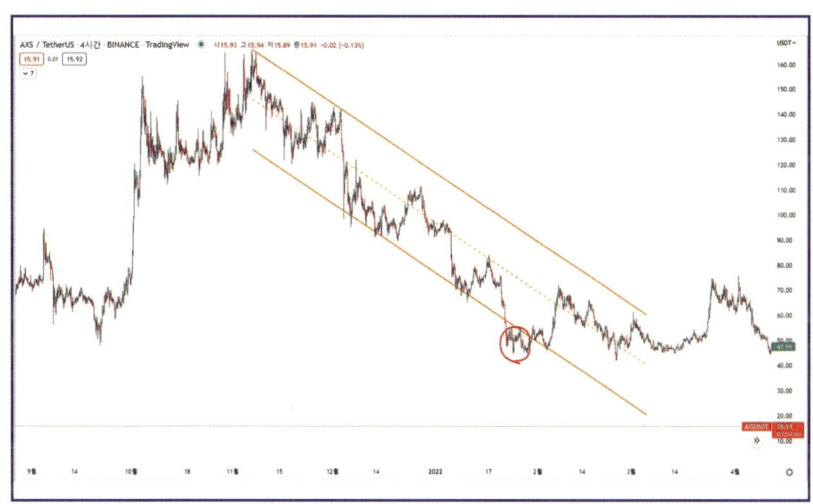

　　엑시 인피니티(AXS) 코인의 차트이다. 채널 하방을 벗어나는 움직임을 보였는데 Fakeout이었다. 이는 추세선에서 하락추세선이 차트 하단에 그려질 때 fakeout이 많아서 관망하라고 했던 것도 연결지어 생각해볼 수 있다.

04 / 강력한 피보나치(Fibonacci) 100% 활용법

　　우리 주변의 자연에는 황금비율이라는 것이 존재한다. 미시세계에서부터 광할한 우주 은하계와 같은 거대한 거시세계에 이르기까지 황금비율은 자연의 법칙과도 같이 곳곳에서 발견된다. 이 황금비율은 피보나치 수열 내 피보나치 비율 중 하나이다. 그리고 이 피보나치 비율과 황금비율은 주식시장과 같이 금융시장에서 기술적 분석에서 활용도가 엄청 크다. 왜 피보나치 비율이 차트에 적용되는지 이유는 확실히 알 수 없지만 인간의 심리와 그것이 모인 군중의 심리 또한도 자연의 일부가 아닐까 한다.

차트에서 피보나치 되돌림(Fibonacci Retracement)라는 도구는 LTF, HTF 등 어떤 타임프레임에서도 활용가능하고 신뢰도 또한 매우 높다. 다른 기술적 분석과도 Confluence하기 좋은 도구이다. 따라서 피보나치는 필수로 익혀야 할 기술이다.

피보나치는 다음과 같다.

0, 0.236, 0.382, 0.5, 0.618, 0.786, 1 이라는 피보나치 라인들이 기본설정으로 되어있다. 여기서 0과 1을 제외하고 필자가 가장 중요하게 보는 라인은 0.382와 0.618이다. 간단하게 0.382와 0.618을 더하면 1이라고 기억하자. 작도는 왼쪽에서부터 오른쪽으로 그린다.

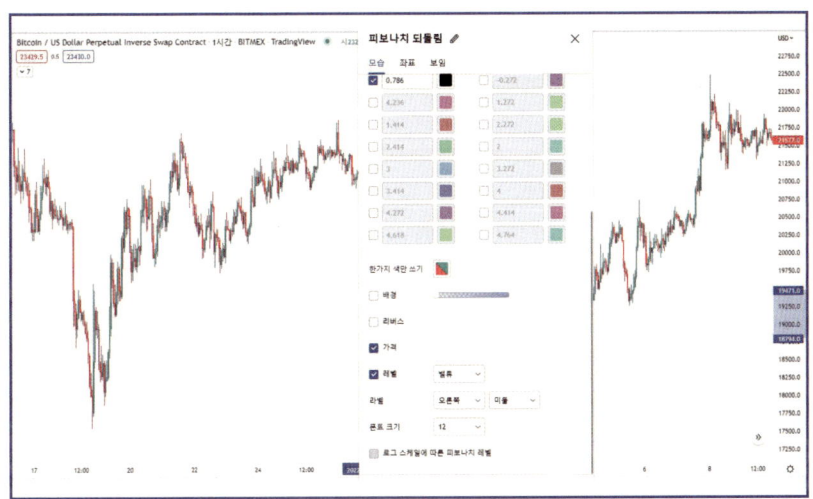

설정은 위와 같다.

상승추세일 때 피보나치는 왼쪽 하단 저점에서부터 오른쪽 상단 고점까지 그린다.

하락추세일 때 피보나치는 왼쪽 상단 고점에서부터 오른쪽 하단 저점까지 그린다.

고점과 저점을 어디로 이어야 할지 모른다면 연습을 충분히 해보자. 작은 범위에서 고점과 저점을 찾을 수도 있고 보다 큰 범위에서 고점과 저점을 찾을 수 있다. 전자를 Local Fibonacci, 후자를 Global Fibonacci 라고 한다.

Local과 Global을 Confluence하는 것도 피보나치를 잘 활용하는 방법이다.

이런 식으로 큰 피보나치와 작은 피보나치를 그려서 겹치는 지점(Confluence)은 좋은 타점이 된다.

필자는 피보나치를 활용할 때 주로 모든 피보나치 라인을 활용하지는 않는다. 주로 0.618을 활용한다. 하지만 어떤 기술적 분석을 통한 지지와 저항을 찾는다고 해도 정확한 라인을 찾기보다도 지지범위, 저항범위와 같이 일정한 범위를 찾는 것이 매매하기 편하다. 그래서 0.618과 0.6618(0.6+0.0618)을 사용한다. 이렇게 말이다.

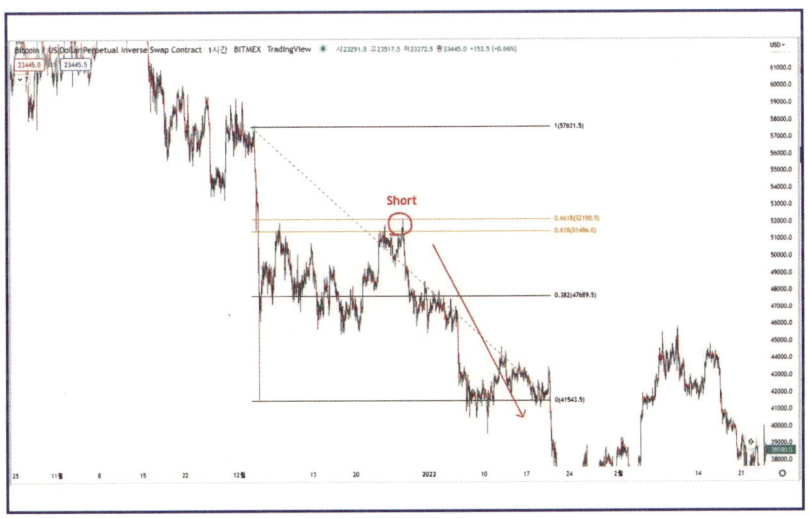

나머지 피보나치 라인은 안보이게 설정했다.

상승추세일 때는 이렇게 피보나치를 활용한다.

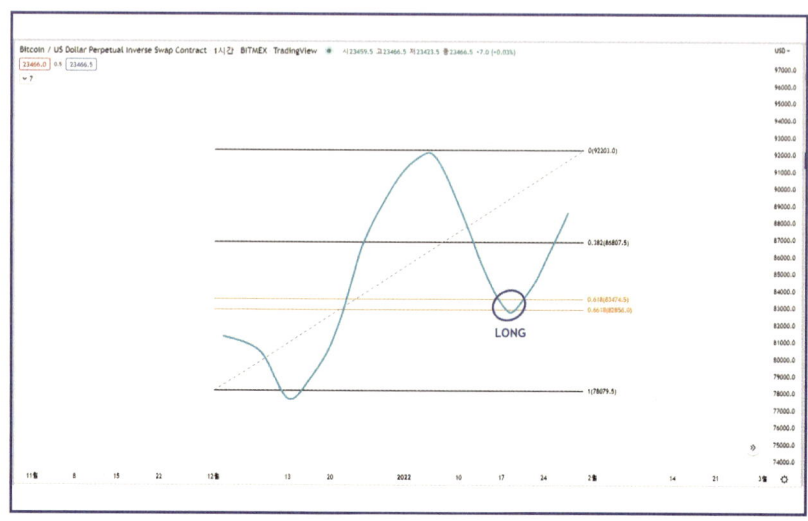

좌측 하단 저점에서 우측 상단 고점까지 피보나치를 작도하고 하락했을 때 0.618, 0.6618에서 롱 포지션을 설정하면 1차 익절가는 0.382(1차 TP), 2차 익절가는 0(2차 TP)이며 실제 차트 예시입니다.

하락추세일 때는 이렇게 피보나치를 활용한다.

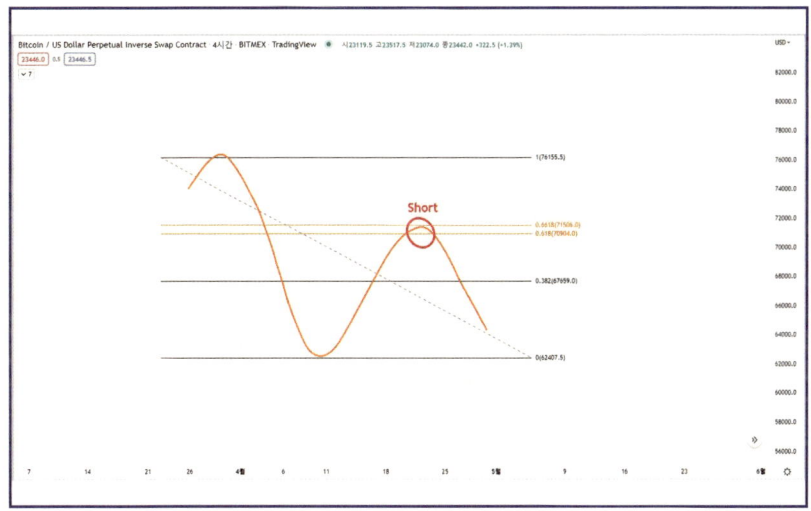

왼쪽 상단 고점에서 우측 하단 저점까지 피보나치를 작도하고 반등했을 때 0.618, 0.6618지점에서 숏포지션을 설정하고 0.382에서 1차 익절(1차 TP), 0에서 2차 익절(2차 TP)이다. 실제 차트 예시이다.

일봉 이상 HTF에서의 Global Fibonacci의 예시는 다음과 같다.

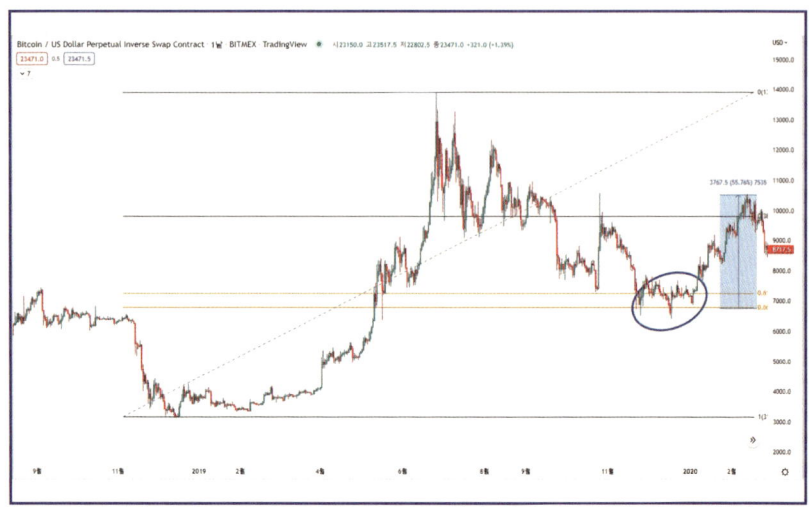

피보나치 라인은 신뢰도가 높지만 많은 사람들이 또한 사용하기 때문에 해당 라인에서 휩소 등 꼬리를 남기는 스탑 헌팅(손절가를 터치해서 손절시키는 것)이 발생할 가능성이 어느정도 높다. 따라서 손절가는 피보나치 라인을 기준으로 설정하는 것보다 상승추세라면 이전 Higher Low(HL) 아래로 설정하는 등 Market Structure을 기준으로 설정하는 것이 더 좋다.

피보나치 확장도 알아보자.

0에서 1사이의 피보나치 라인 외에도 새로운 고점 또는 새로운 저점을 확인하는데 유용한 도구이다. 더 정확하게는 가장 높은 고점인 ATH(All-Time-High), 그리고 가장 낮은 저점인 ATL(All-Time-Low)를 확인하는데 좋다.

피보나치 확장의 주요 라인은 1.414, 1.618, 2, 2.272, 2.618이다. 이 중 가장 강력한 라인은 1.618, 2.618 이다. 2.272는 보통 2 아래에서 반등할 때 SFP(Swing Failure Pattern) 반등을 기대하는 자리로 쓰일 수 있다.

위 차트는 저점과 고점이 출현한 상승구간에서의 피보나치에서 0.618, 0.6618 반등에 실패하고 하락을 하고 있다. 반등지점은 1.618 이다. 그리고 1.618지점은 박스권을 벗어난 Impulse Move(큰 상승 혹은 큰 하락)일 때 많이 쓰는 지점이다.

피보나치 확장의 예시

618, 6618저항을 맞고 다시 상승하여 1을 넘고 하락하여 다시 618, 6618을 터치. 이후 상승하여 1.414 부분을 터치하고 내려왔다. 그 후 618, 6618에서 반등했다.

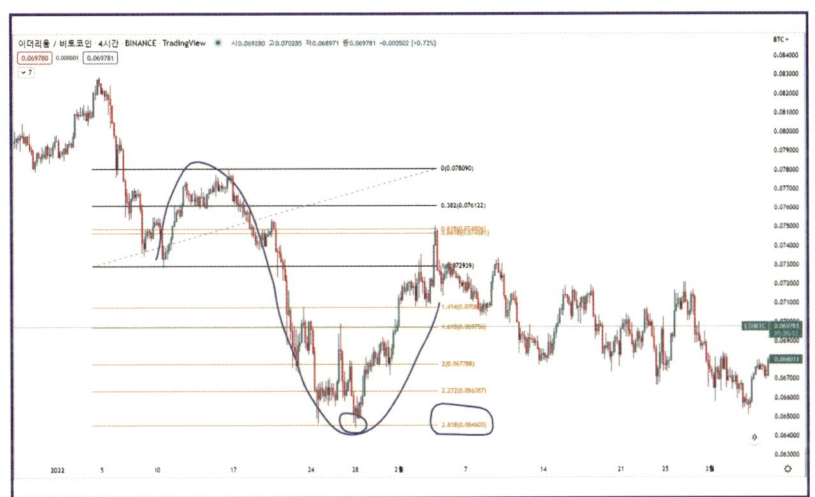

이번에는 2.618에서 반등했다.

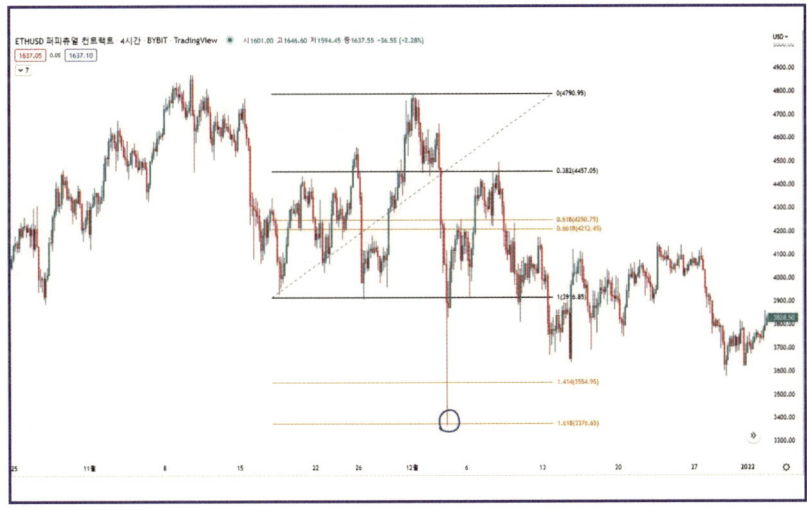

이번에는 1.618에서 정확하게 반등했다.

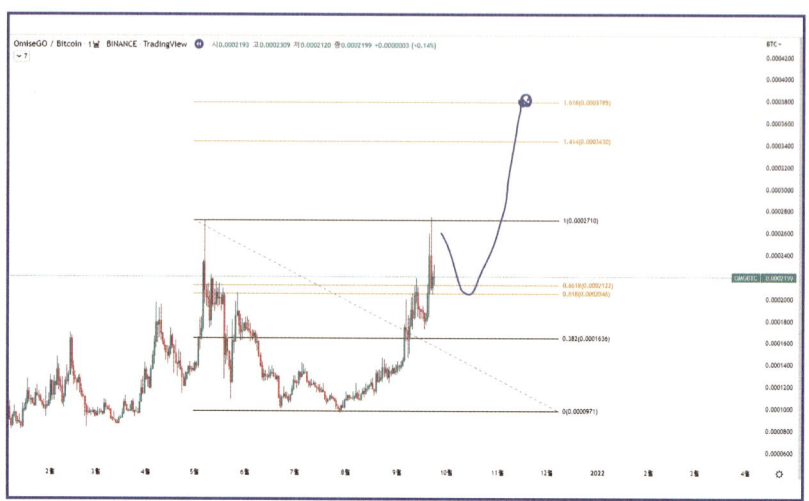

OMG/BTC차트이다. 큰 상승을 한다면 1.618까지 상승을 볼 수 있다.

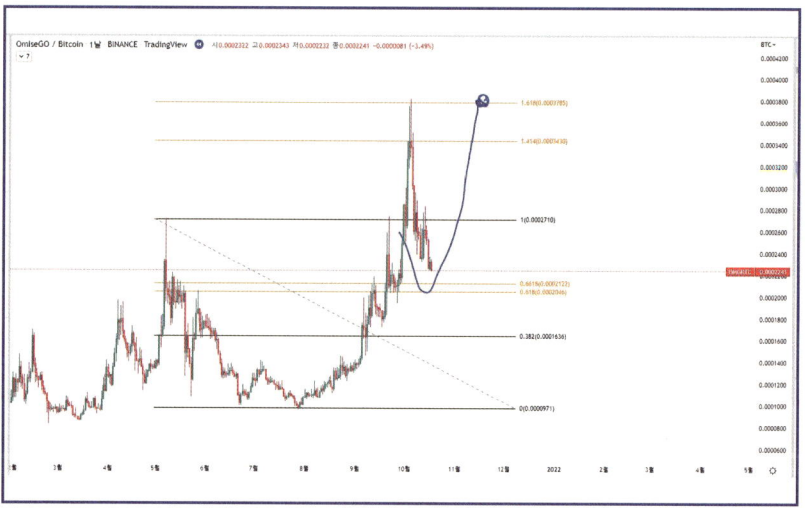

1.618에서 하락하였다.

0과 1 사이의 가격높이가 적다면 1.618보다는 2~2.618을, 0과 1 사이의 가격높이가 크다면 1.414~1.618까지의 상승을 보는 것이 가능성이 높다.

피보나치 확장의 라인들 중에서 어느 라인까지 상승하거나 하락할지는 모르지만 그래서 중요한 것이 다른 기술적 분석과의 Confluence이다.

05 / 흥미로운 Bump And Run Reversal bottom(BARR) 패턴

위 패턴이 BARR 패턴이다.

먼저 3가지의 단계(Phase)로 나눈다.

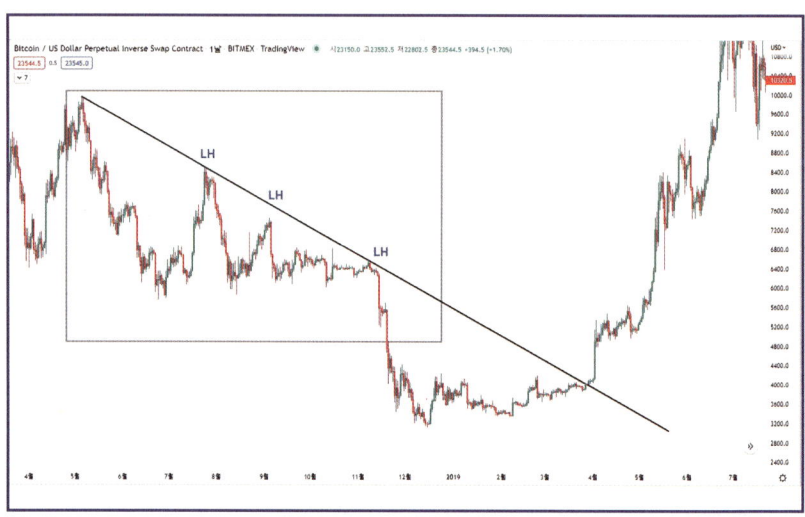

1단계는 위와 같이 고점을 찍고 Lower High를 만들면서 하락추세선을 만드는 단계이다. 하락패턴(수렴, 채널 등)을 만든다. 이 때 Lower Low를 만드는 것은 필수조건은 아니다.

2단계는 Bump 단계이다.

거래량이 많이 나오면서 큰 하락이 있는 때이다. 그리고 아래에서 Adam&Eve 패턴이나 역헤드앤숄더나 하락쐐기같이 Bottom에서 발견될 수 있는 상승패턴들이 출현할 수 있다.

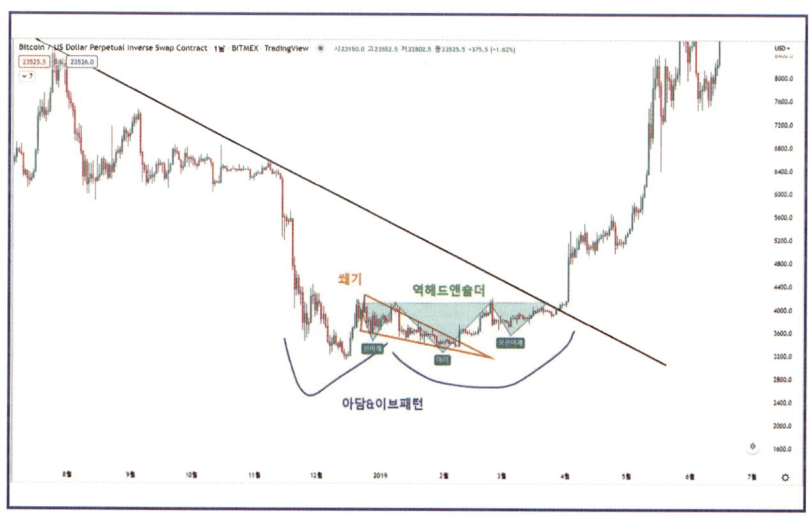

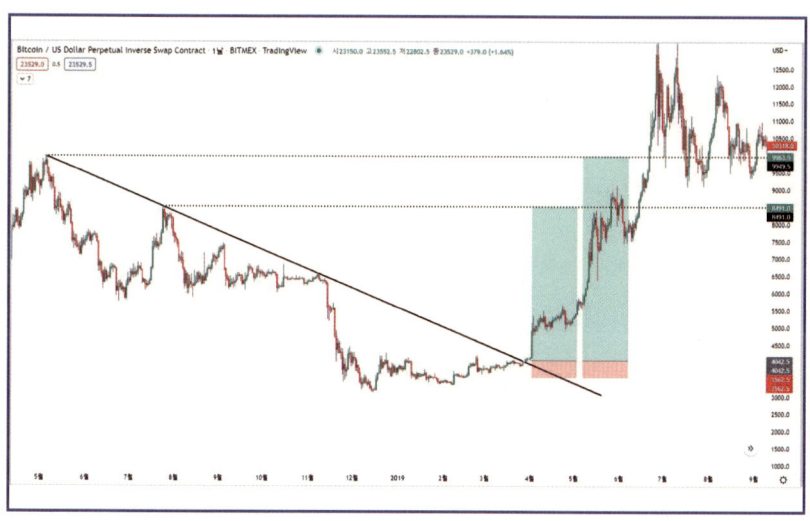

마지막 3단계는 Uphill Run단계이다. 하락추세선을 뚫고 상승할 때 거래량이 많이 나오면서 상승하게 된다. 하락 추세선을 다시 지지로 리테스트하고 올라갈 수 있다. 여기서 리테스트를 제대로 하지 못하면 BARR 패턴은 실패하게 된다.

가장 중요한 목표가(TP)는 처음에 LH를 만들며 하락했던 곳이 목표가이다.

● BARR 예시 1 ●

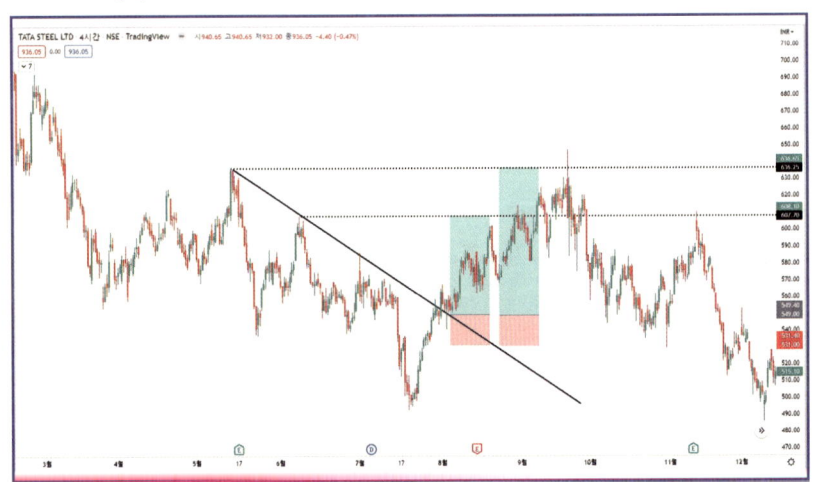

● BARR 예시 2 ●

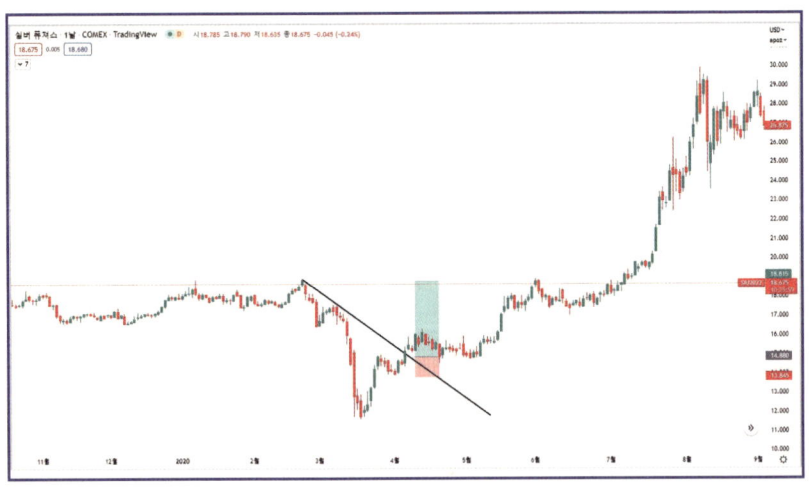

06 / 헤드앤숄더(Head and Shoulder) 패턴

헤드 앤 숄더는 반전(Reversal) 패턴이다.

많은 트레이더들이 사용하는 패턴이다. 바로 예시를 알아보자.

비트코인 차트이다. 왼쪽 어깨-머리-오른쪽 어깨의 모양을 만든다. 머리가 가장 높고 양 어깨가 머리보다 낮은 것이 특징이다. 양 어깨의 높이는 서로 대칭(Symmetrical)이 아니어도 된다. 하지만 양 어깨를 형성하는 시간은 어느정도 서로 비슷해야 하고 너무 차이나면 안된다. 그리고 어깨와 머리 하단을 일직선으로 잇는 선이 넥라인(Neck line)이다. 넥라인은 위 비트코인 차트에서 보이는 것처럼 기울어져 있어도 상관없고 수평이어도 상관없다.

이렇게 헤드 앤 숄더 패턴이 만들어질 경우 차트는 하락한다.

헤드에서부터 넥라인까지의 깊이만큼 우측 숄더를 하방돌파하는 시점부터 같은 깊이로 가격은 하락한다. 결국 넥라인을 하방돌파하는 시점부터 헤드 앤 숄더는 확정패턴이 되며 이 때 숏포지션 진입(돌파 후 리테스트할 때 진입하는 것도 안정적)을 할 수 있다. 우측 숄더에서 넥라인 하방돌파하기 전에는 절대 헤드 앤 숄더라고 판단하지 않는다.

헤드 앤 숄더에서 가장 중요하게 봐야할 내용은 거래량이다. 다음과 같은 특징을 지닌다.

❶ 왼쪽 어깨가 만들어지기 위해 가격이 상승하는 시점에는 거래량이 크게 상승함.
❷ 왼쪽 어깨의 고점을 찍고 내려오는 구간은 거래량이 감소
❸ 헤드쪽으로 가격이 올라가는 구간은 1번의 거래량보다 적음. (만약에 1번보다 훨씬 더 많으면 헤드를 만들고 내려오기보다 더 크게 상승할 수 있음)

④ 헤드를 찍고 내려오는 구간에서는 매도볼륨이 1번보다도 더 크게 터짐

⑤ 오른쪽 어깨 고점을 만들기 위해 반등하는 구간은 거래량이 적음

⑥ 오른쪽 어깨 고점을 찍고 내려오는 구간은 거래량(매도)이 많아짐

⑦ 넥라인을 하방으로 뚫을 때 거래량은 1~6번중에 가장 높은 볼륨보다 훨씬 더 많음. (만약에 7번에서 볼륨이 적으면 하방 돌파 후 다시 넥라인을 리테스트할 수 있음)

위 구간별 거래량 특징을 차트예시를 통해 다시 한번 확인해보자.

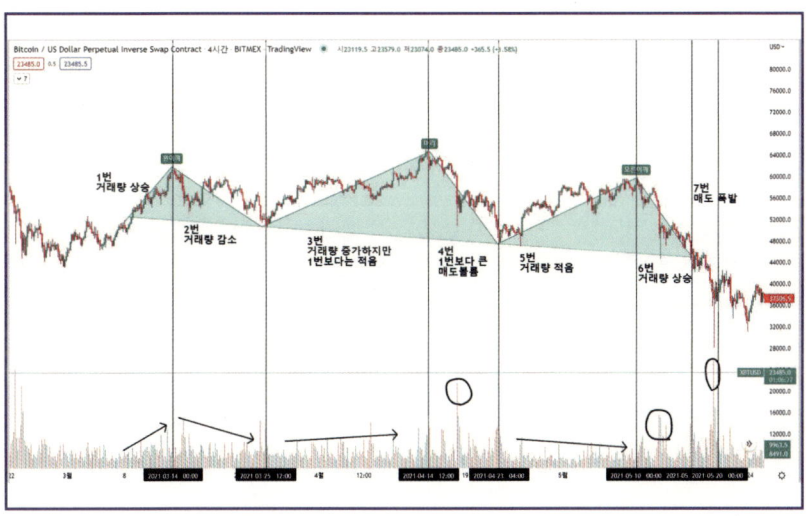

헤드 앤 숄더는 하락하는 패턴이지만 이와 반대로 상승하는 패턴인 역 헤드 앤 숄더 패턴이 있다. 역헤드 앤 숄더(inverse Head and Shoulder) 패턴은 상승하는 패턴이다. 큰 하락이 있은 후 바닥에서 상승패턴을 만들 때 보통 등장한다.

위와 같이 헤드 앤 숄더를 반대로 뒤집어놓은 모양이다. 마찬가지로 머리에서부터 넥라인까지의 높이만큼 오른어깨에서 넥라인 돌파한 시점부터 동일한 높이만큼 상승한다.

상승하다가 저항대를 만나 다시 하락하여 넥라인을 리테스트 후에 상승했다.

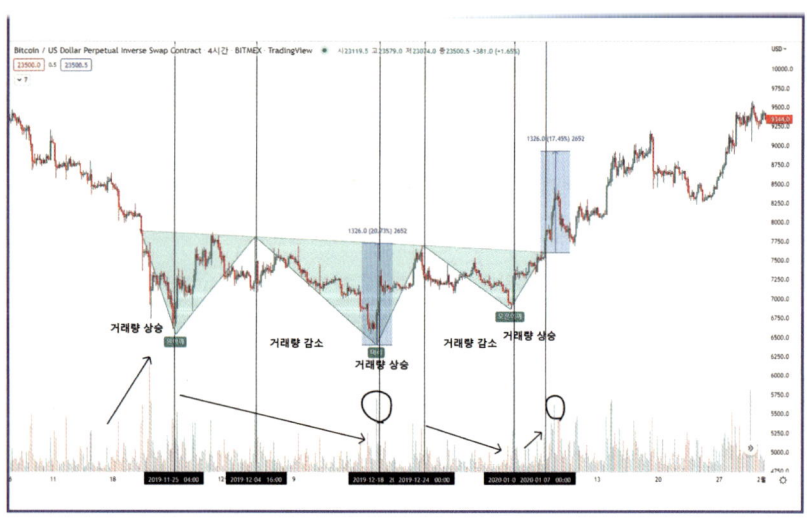

마찬가지로 역 헤드 앤 숄더 패턴의 거래량 또한 위와 같은 모습이 이상적이다. 한가지 특징은 오른쪽 어깨를 만들고 넥라인을 뚫고 올라갈 때 거래량이 크게 많지 않아 다시 리테스트를 하고 상승하는 모습을 볼 수 있다.

헤드 앤 숄더(or 역헤드 앤 숄더)는 간단하면서도 유명한 패턴인 만큼 속임수(Fake)와 스탑 헌팅(Stop Hunting)이 많은 패턴이다. 따라서 반드시 다른 전략과 함께 Confluence를 해야 한다.

07 / 파워풀한 하모닉 패턴(Harmonic Pattern)의 모든 것

쐐기나 삼각수렴 등 다른 패턴은 추세선을 기반으로 만들어진 것이라면, 하모닉 패턴은 피보나치 비율을 기반으로 만든 패턴이다.

하모닉 패턴의 기본이 되는 ABCD 패턴부터 먼저 알아보자.

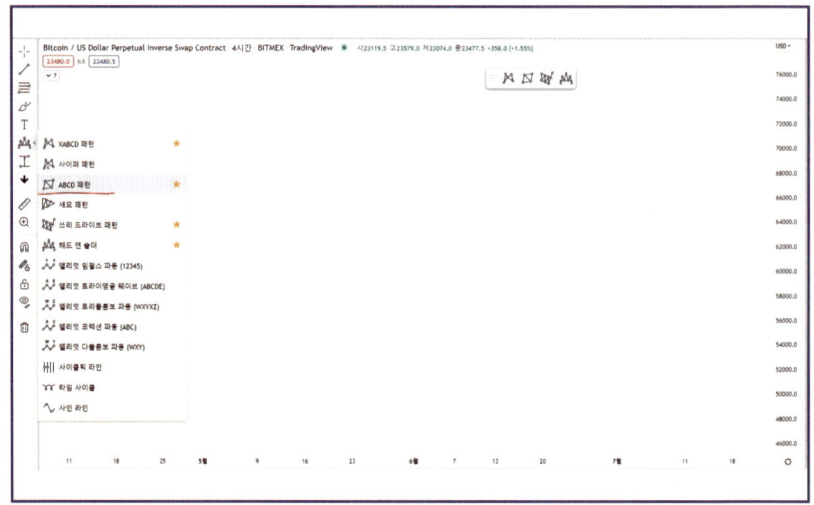

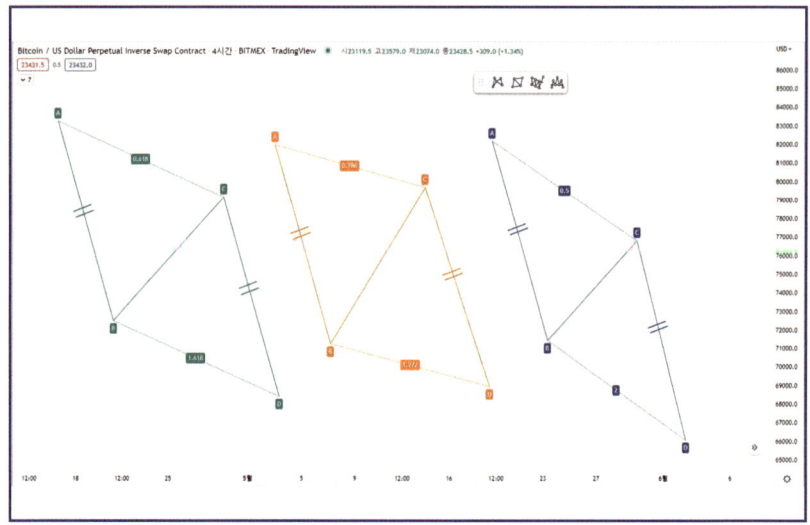

ABCD패턴은 위와 같이 평행사변형 모양의 패턴이다. AB=CD라는 공식을 따른다. 위에 보이는 3가지 ABCD 패턴은 내부 비율이 각기 다르다. 꼭 저렇게 3가지만이 정답은 아니고 AC가 .618일 때는 BD는 1.618이 가장 이상적이고, 0.786일 때는 1.272가 이상적이다. 0.5일 때는 2가 이상적이다. AC가 0.618~0.786 사이라면 BD는 1.618~1.272

내의 숫자가 될 것이다. 이 내부 비율의 숫자들은 어떻게 나오게 된 것일까?

하모닉은 피보나치 기반이라고 했다. 이 내부 비율들도 그래서 피보나치 숫자이다.

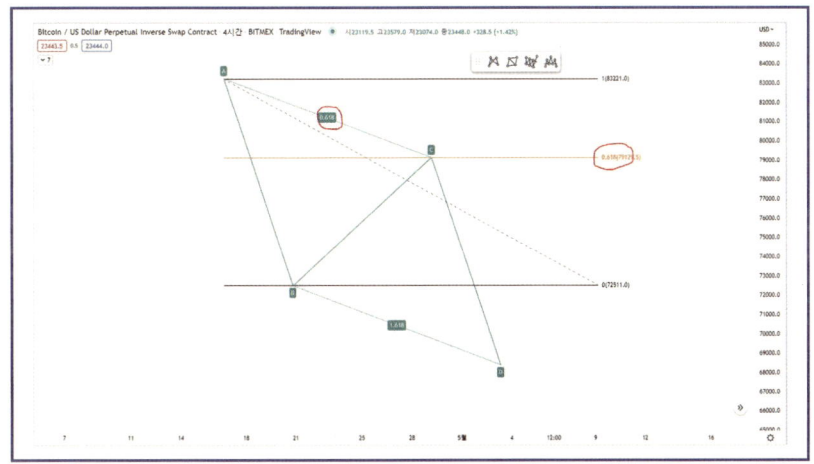

AC의 0.618이라는 숫자는 A와 B를 피보나치로 작도했을 때 B에 대한 되돌림이 C가 되고 그 비율이 0.618이라는 것이다. 이 숫자가 AC 선 안에 표시된다.

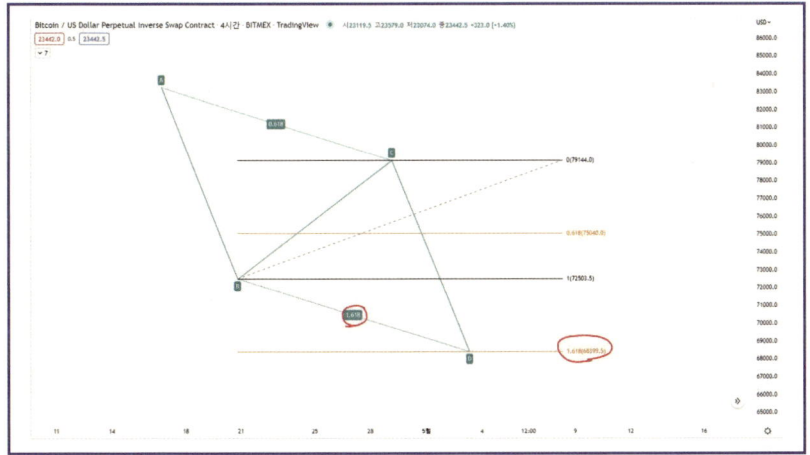

D는 B와 C의 피보나치 작도를 할 때 1.618이 되는 지점이다. 이렇게 피보나치 비율을 따른다.

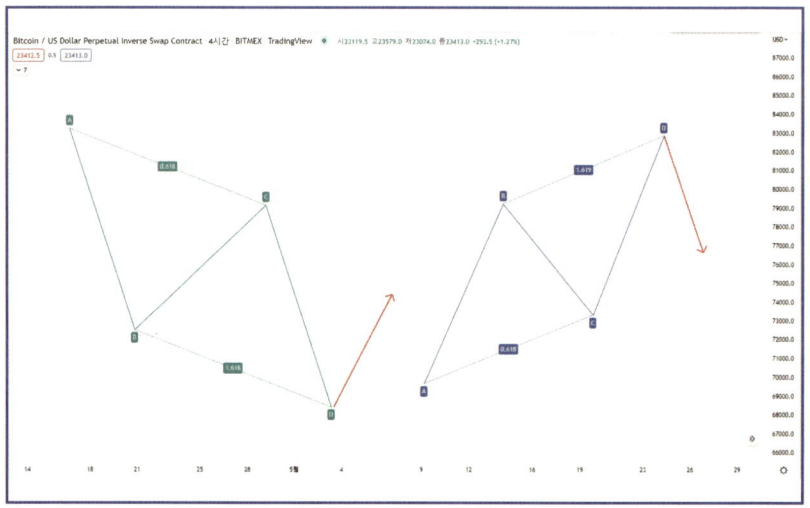

ABCD패턴은 상승과 하락 2가지 패턴이 있는데, 위와 같이 D가 하단에 있으면 상승, D가 상단에 위치하면 하락이비고 간단히게 말고 있지.

우리는 ABCD 패턴의 진입과 익절가, 손절가는 다음과 같이 설정한다.

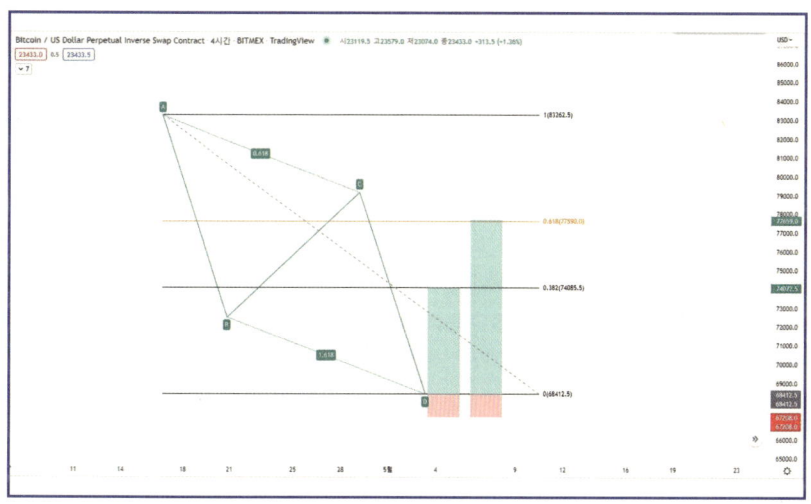

A부터 D까지의 피보나치 되돌림을 설정하고 D하단에 손절가를 잡고 0.382, 0.618에 1차, 2차 익절가를 잡는다.

이제 하모닉 패턴에 대해 알아보자.

하모닉은 4시간봉 이상에서 신뢰도가 높고 여러 패턴 가운데 출현시 가장 확률이 높은(80% 이상) 패턴이기도 하다. 잘 숙지하고 활용할 수만 있다면 강력한 기술적 분석도구를 손에 얻은 것과 다름없다. 하모닉 패턴만 쓰는 하모닉 트레이더들도 있을 정도로 하모닉 패턴에 대한 신뢰도는 트레이더들 가운데 높다.

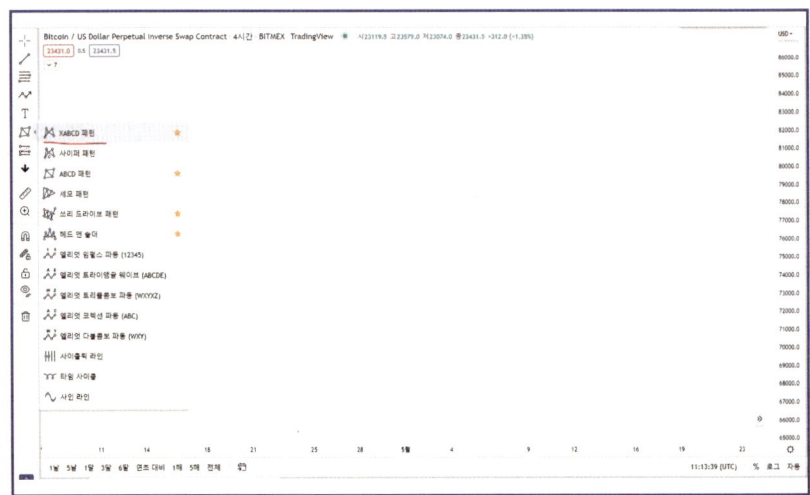

하모닉 패턴은 종류가 많다. 먼저 Bat Harmonic Pattern(박쥐 패턴)이다.

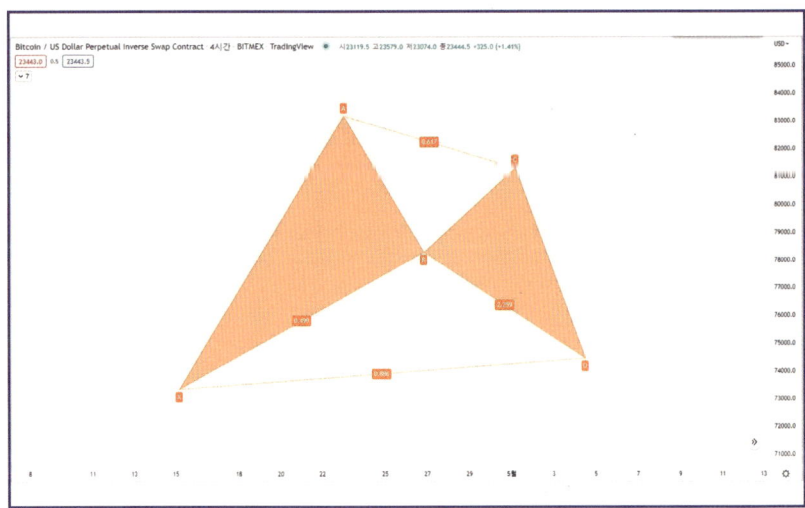

이것이 Bat Harmonic Pattern이다. 이렇게 그리면 상승하는 Bullish 패턴이다. 하모닉도 상승, 하락 2가지 패턴이 있기 때문에 ABCD처럼 D가 하단에 위치하면 상승, 상단에 위치하면 하락패턴으로 알고 있자. 그러면 어떻게 그릴까?

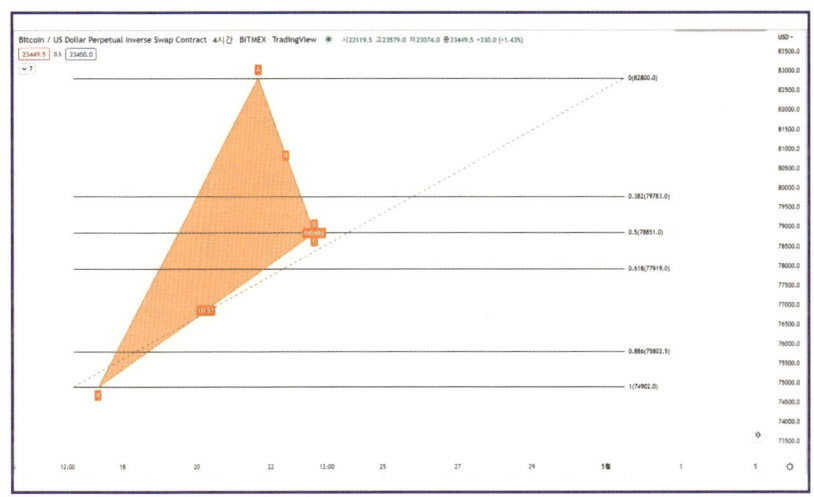

먼저 피보나치를 작도하고 그 후에 XA를 0~1로 맞춘다. 그 후에 0.5부분에 B를 맞춘다. B는 0.382~0.5까지 맞출 수 있지만 0.5에 가까울 수록 더 좋다.

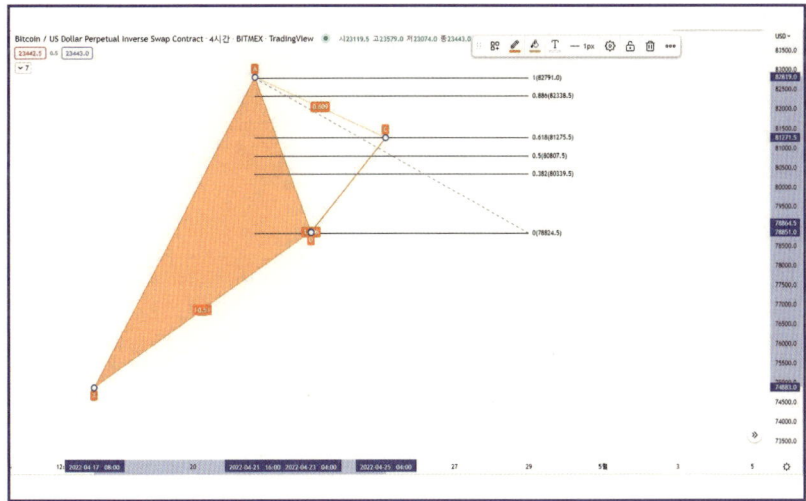

그 후에 A와 B를 피보나치로 작도한 후 C는 A와 B의 0.618정도로 맞춘다. 사실 C는 이론상 A와 B의 0.382~0.886이라고 나와있지만 필자는 0.618에 가까울 수록 더 좋다.

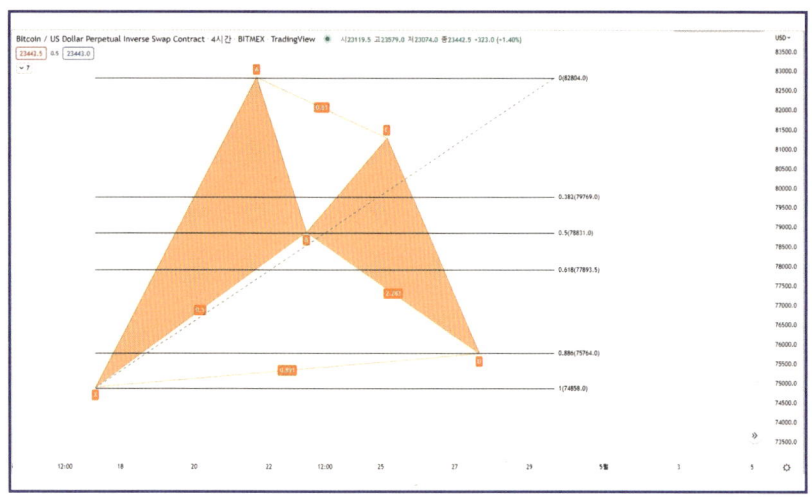

마지막 D는 X와 A를 피보나치 작도한 후 0.886에 맞춘다. D는 X보다는 위에 있어야 한다.

위 하모닉은 상승패턴이라고 했다. D에서 진입할 때 익절가와 손절가는 다음과 같이 설정한다.

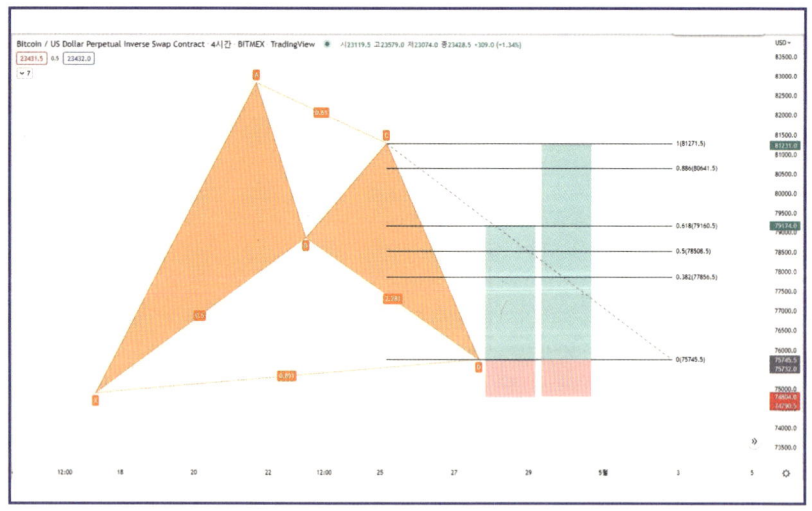

손절가는 X 하단이다. 그리고 익절가는, C와 D를 피보나치 작도 후 0.618, 1(C 지점)까지 익절가를 1, 2차로 잡아두면 된다. 하모닉은 여러개의 피보나치를 작도해야 해서 복잡한 것 같지만 몇번 그리다보면 익숙해진다.

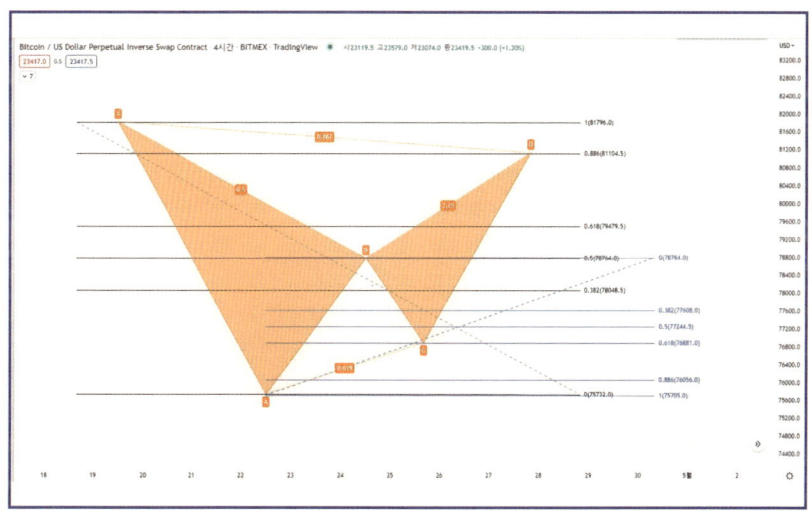

위 그림은 하락 뱃 패턴(Bearish Bat Pattern)이다. 방향만 거꾸로 그려주면 된다.

● Bullish Bat Pattern의 예시 ●

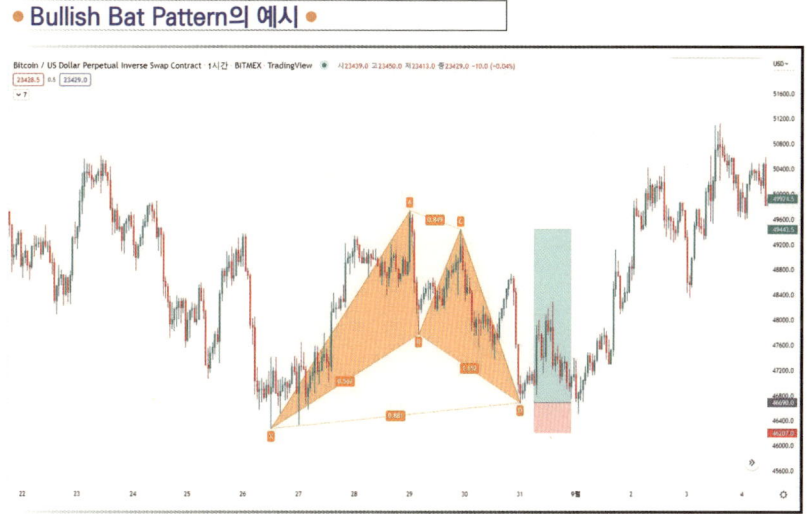

다음은 Gartley Pattern(가틀리 패턴)이다.

Bat Pattern과 거의 비슷하다. 이름을 다르게 부르지만 사실 유사한 모양이 차트에서 나올 경우에는 굳이 이름을 구분해가면서 하모닉을 그리지는 않는다.

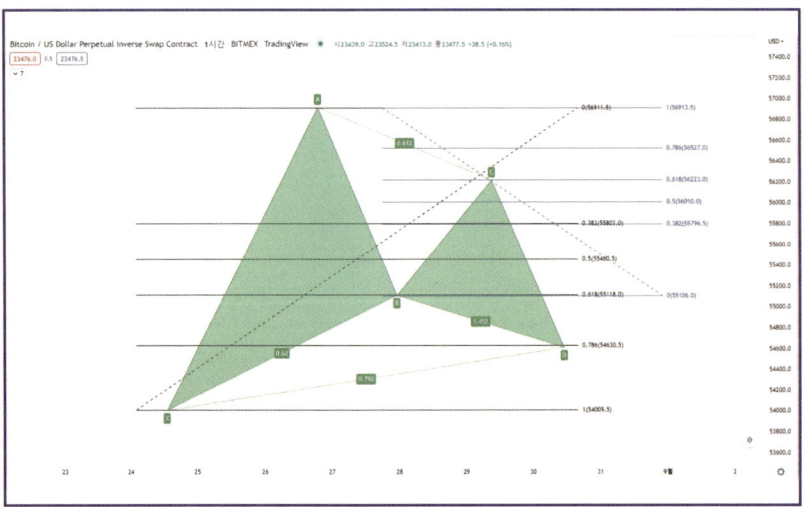

Bat Pattern과 다른 점은 B가 XA의 0.382~0.5가 아니라 0.618이라는 점이다. C는 AB의 0.618인데 이것은 Bat Pattern과 같다. 마지막으로 D는 XA의 0.786으로 맞춘다. 여기서도 D는 X보다는 위에 있어야 한다. Bat Pattern과 가틀리 패턴이 다른 점은 B와 D의 위치이다.

가틀리 패턴의 목표가는 다음과 같다.

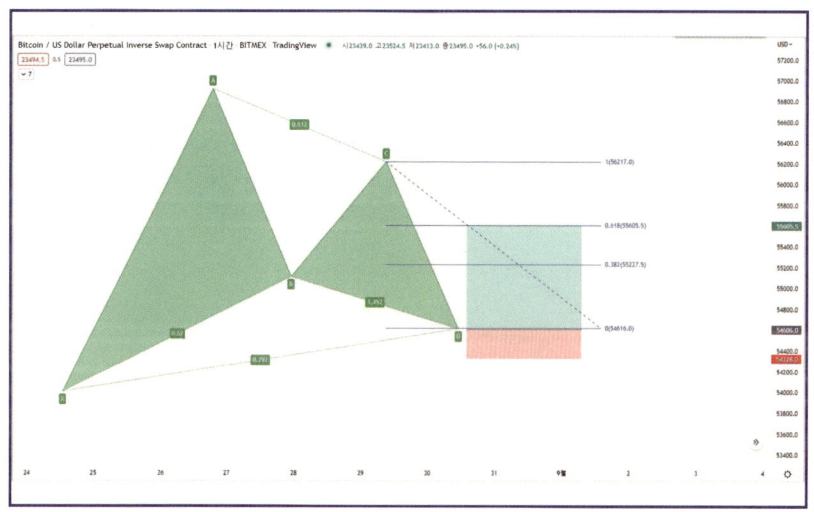

CD의 0.618지점이 목표가가 된다. 0.382에서 일부 익절해도 괜찮다.

또 한가지 익절포인트가 있는데 바로 "추세기반 피보나치 확장"으로 익절가를 정한다.

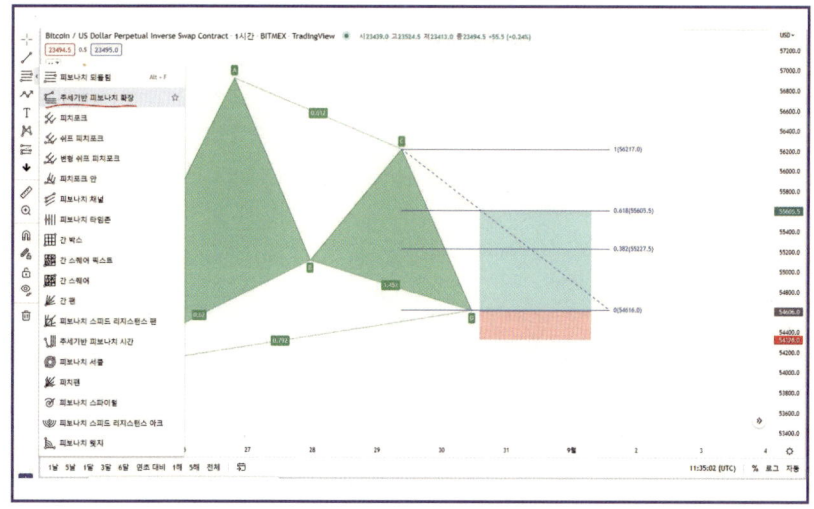

선택을 하면 먼저 X에 클릭하고 A에 클릭, 그 후 D부분에 클릭하면 다음과 같이 된다.

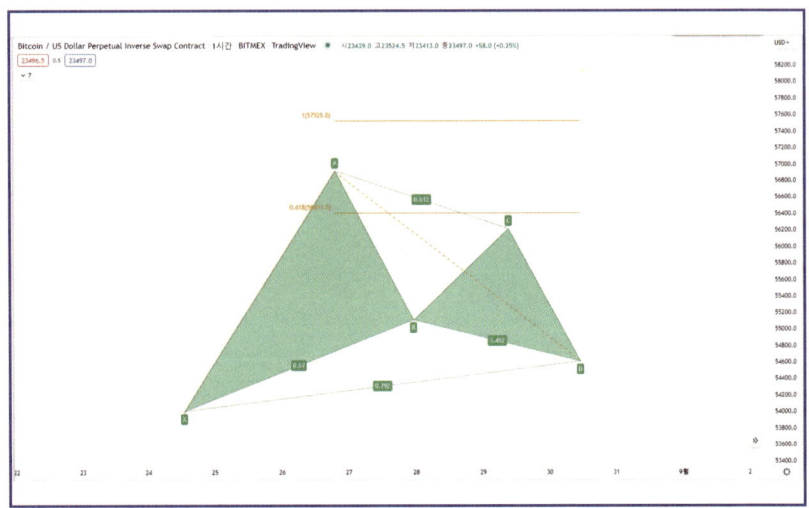

위 그림을 보면, 피보나치 1라인이 상단에 위치해있다. 이것이 피보나치 확장이다.

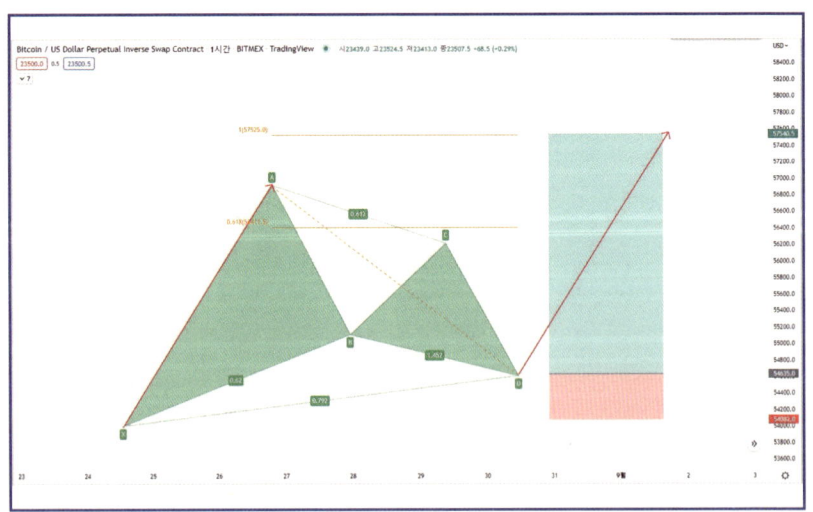

그래서 D에서 진입한 익절가는 상단 피보나치확장 라인의 1부분이다. XA의 길이만큼 D에서 대각선을 똑같이 그려주면 D에서 1까지의 길이와 동일한 것도 발견할 수 있다.

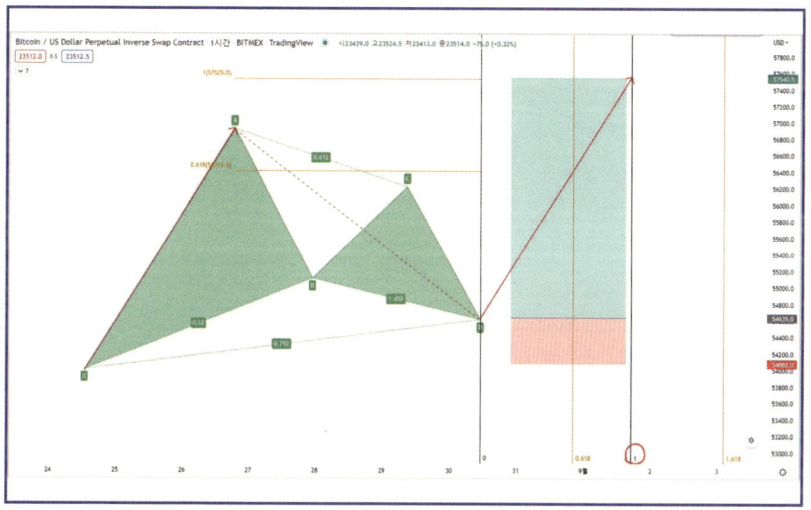

추세기반 피보나치 확장처럼 동일하게 작도할 수 있는 것은 "추세기반 피보나치 시간"이라는 것 있다. 이것도 X 클릭 후 A 클릭, D를 클릭하면 피보나치 시간대가 우측에 세로축으로 그려진다. 이 세로축 중에서 1부분이 아까 작도했던 추세기반 피보나치 확장의 1부분과 동일한 위치이다. 피보나치 확장까지 상승을 해준다면 위 차트 기준으로 28일쯤 58278불에 도달할 것이다.

● 가틀리 패턴의 예시 1 ●

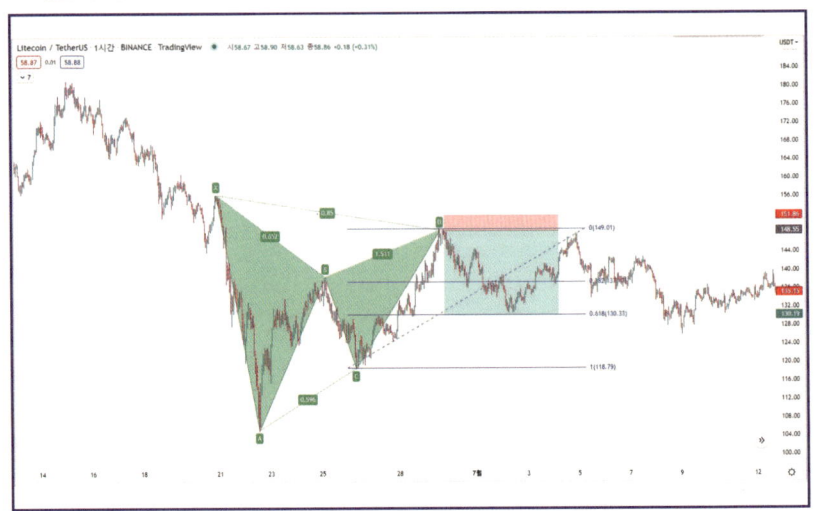

● 가틀리 패턴의 예시 2 ●

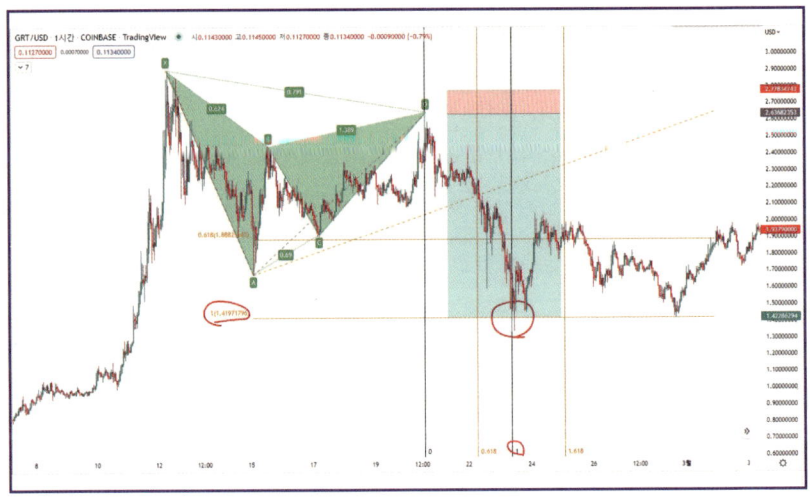

추세기반 피보나치 확장 + 추세기반 피보나치 시간을 활용한 익절포인트를 잘 잡은 예시이다.

다음은 나비 패턴(Butterfly Pattern)이다.

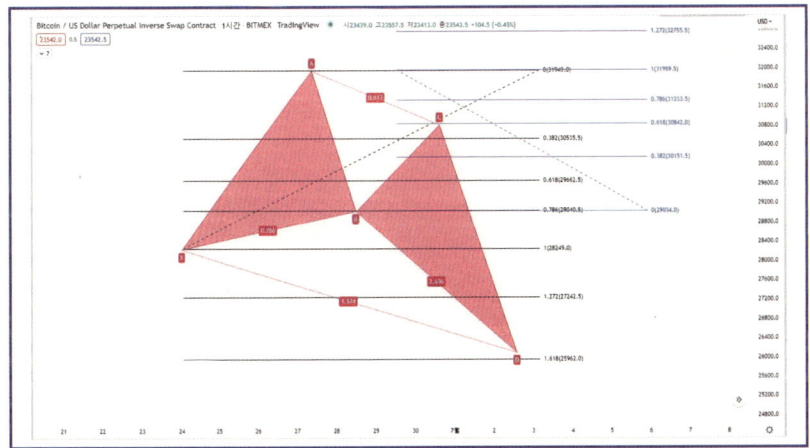

위 그림과 같이 B는 XA의 0.786에 위치하고 C는 AB의 0.618에 위치한다. C는 0.618~0.786이 이상적이다. D는 XA의 1.272~1.618 사이에 위치한다. 가틀리와 뱃 패턴과 비교해보면, D가 X보다 더 바깥쪽에 위치한다는 것, C의 위치는 동일하고 B는 조금 더 X쪽에 가까이 있다는 것. 이렇게가 차이점이다.

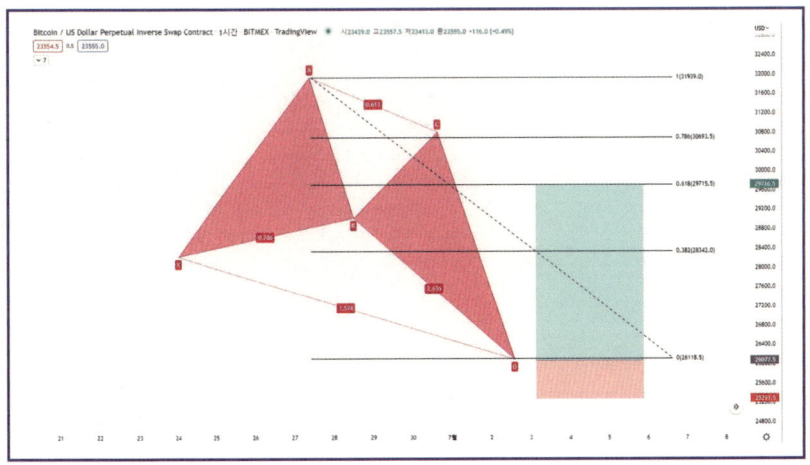

목표가는 A와 D를 피보나치 작도한 후에 0.618까지가 익절범위이다. 0.382에서 부분 익절하는 것도 좋다.

● 나비패턴의 예시 ●

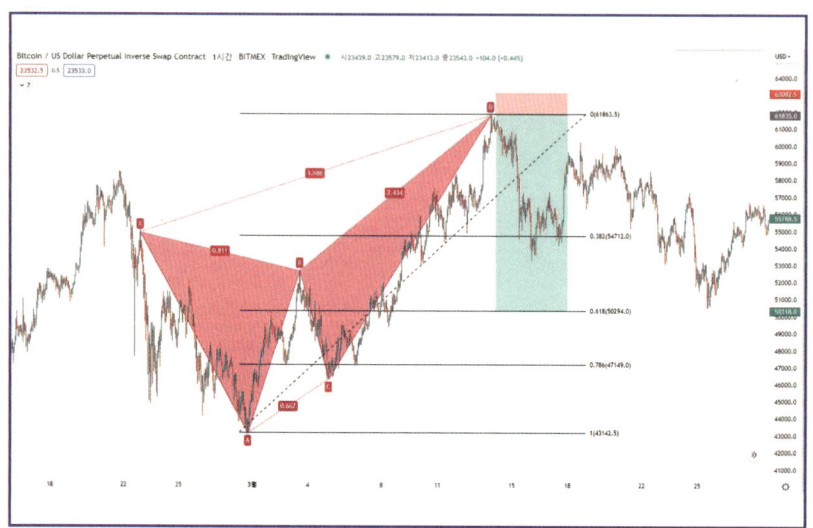

다음은 크랩 패턴(Crab Pattern)이다.

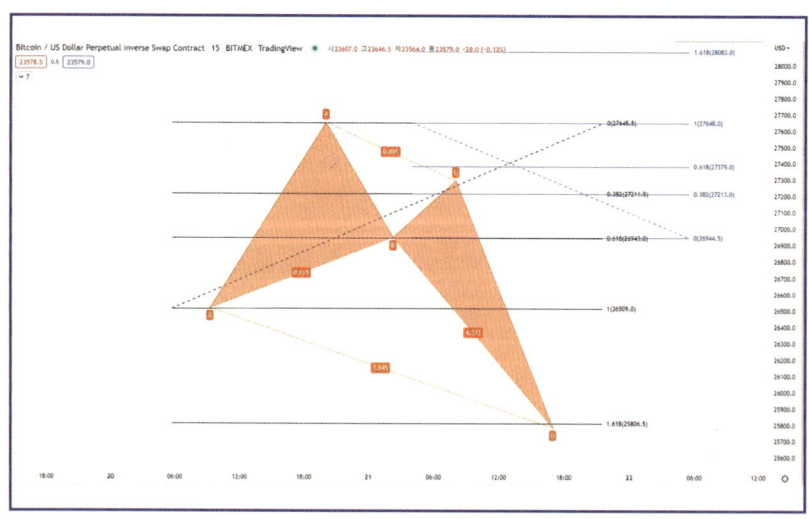

B는 XA의 0.618정도, C는 AB의 0.5~0.618이다. 그리고 D는 XA의 1.618 이상이 되면 된다. 나비패턴보다 더 D가 XA로부터 멀리 떨어져 있는 것이 특징이다.

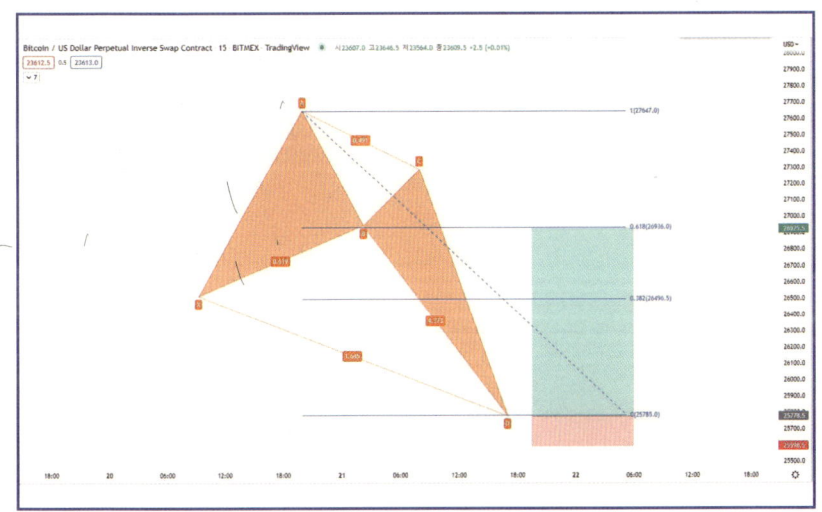

익절가는 동일하게 AD의 0.618이다. 0.382에서 부분 익절할 수 있다.

손절가는 다른 패턴도 마찬가지이지만 차트흐름을 보고 Market Structure에서 맞추는 것이 더 수월하다. 위에 그림이라면 이전 저점(Higher Low)보다 더 아래 손절가를 맞추면 된다.

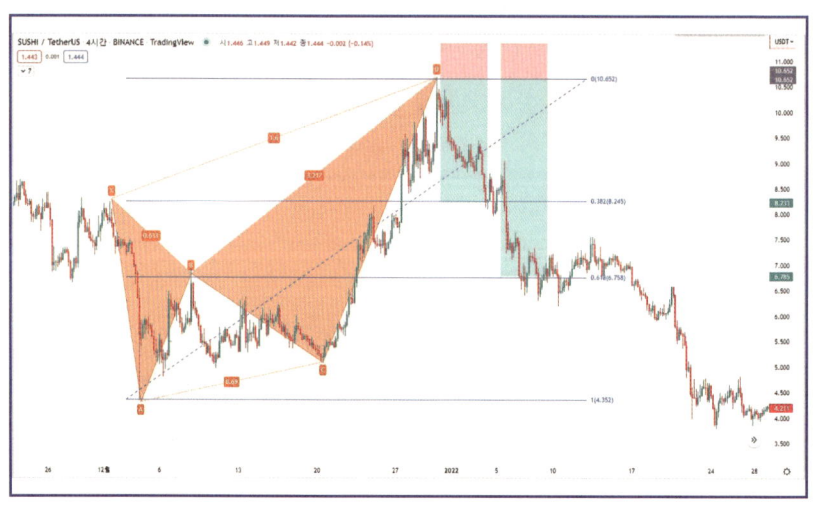

크랩 패턴의 예시이다. D가 가장 XA로부터 멀기 때문에 그 동안 알아본 4가지 패턴 중에 크랩 패턴이 가장 익절범위가 크다는 것도 알 수 있다.

다음은 싸이퍼 패턴(Cyper Pattern)이다.

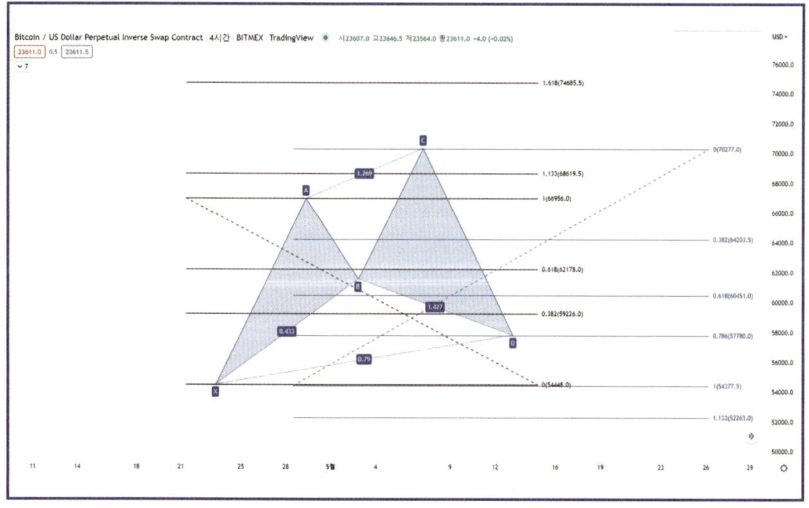

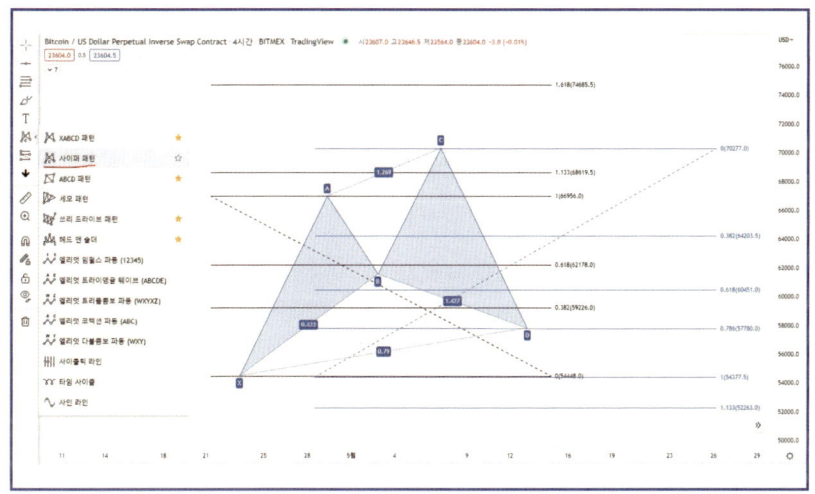

사이퍼 패턴이라고 따로 도구가 마련되어 있다.

사이퍼 패턴의 특징은, B는 XA의 0.382~0.618 사이이다. 또 C는 XA의 1.133~1.414이고, D는 XC의 0.786에 위치한다.

익절범위는 D에서 진입해서 X에서 C까지의 피보나치 비율 중 0.382 또는 0.618에서 익절이다.

하모닉 패턴의 D지점에서 상승 또는 하락이 나오기 위해서는 하모닉만 보면 안되고 그 지점이 피보나치와 겹치는지, 아니면 수평레벨과 겹치는지, 볼륨 등 Confluence를 체크해야 한다. 또한 XABCD까지 모두 완성되기 전까지는 하모닉이 완성될 것을 예상해서 포지션을 진입해서는 안된다.

Chapter 5

비밀 전략 노하우
(Advanced Strategies)

이 챕터에서 기술하는 모든 전략은 실제로 사용하는 전략이며 활용도가 높은 전략들이다.

기본 패턴들을 익히고 전략들을 숙지하여 활용하는 것은 기술적 분석(TA)의 기본이다. 모든 전략의 기본은 Confluence이다. 한 개의 전략만 가지고 매매하는 것은 없다. 여러가지 전략들을 같이 보면서 승률을 높여나가는 것이 가장 중요하다. 앞으로 설명하는 모든 전략들을 잘 활용해서 여러 시장상황에서 이기는 자신만의 기법을 꼭 만들기를 바란다.

01 / 오더블럭, Order Block(OB) 전략

Order Block(줄여서 OB라고 부름)은 무엇인가? 간단하게 매물대라고 생각하면 편하다. 매물대는 간단하게 매물이 많이 쌓여있는 층이다. 다양한 시장참여자들이 이 구간에서 새롭게 진입하고 또 익절한다. 그렇게 수많은 사람들의 평균 단가가 모여있는 곳으로써 거래가 활발하게 진행된 곳이라 할 수 있다. Order Block은 어떻게 보고 판단하는가? 기본적으로 HTF상에서 판단하고 캔들로 간편하게 볼 수 있다.

Engulfing Candle(장악형 캔들)이라고 있다.

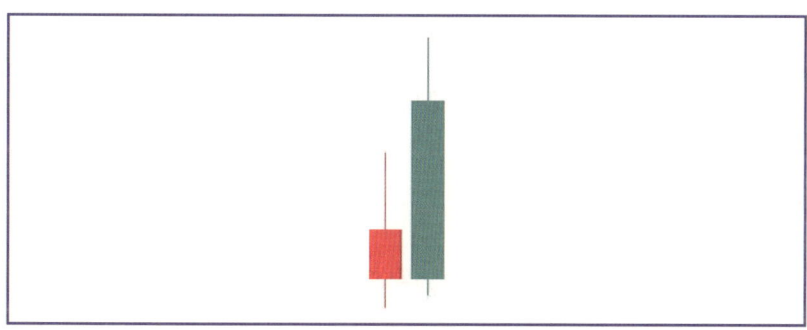

가령, 이렇게 생긴 캔들이다. 양봉을 보면 이전 음봉의 크기를 뛰어넘는 양봉이 출현했다. 꼭 엄청나게 큰 양봉(장대양봉)까지는 아니어도 된다. 현재 캔들이 이전 캔들의 길이를 다 장악해버렸다고 해서 장악형 캔들, Engulfing이라고 부른다. Order Block을 판단하는 캔들은 기본적으로 이 캔들을 기준으로 보게 된다. 방법은 2가지가 있다. Engulfing Candle이 장대봉인 경우와 연속된 Engulfing인 경우. 이 2가지가 Order Block의 핵심이다.

먼저, Engulfing Candle이 장대봉인 경우이다.

비트코인 일봉차트이다. 그림과 같이 장대양봉이 출현하면 그 이전 반대캔들(=음봉)의 구간이 모두 Order Block이 된다. 어느정도 장대여야 할까? 보통 일봉기준 5%정도의 크기 이상이면 된다. 4시간 봉으로 가면 조금 더 크기 기준이 짧아지고 주봉이상으로 가면 당연히 훨씬 더 장대 크기가 길어진다. Order Block이 생각보다 범위가 넓다면 어떨까? 어느 곳을 정확하게 타점으로 잡을지 애매할 수 있다. 이런 경우는 Order Block의 중간값(=EQ)을 타점으로 잡으면 무난하다.

이렇게 Order Block을 찾았다면 저 그림에서는 4번의 테스트가 나온 후에 아래로 한번 돌파가 되었다. 무려 4일 동안 지지를 받았던 셈이다. 이처럼 Order Block은 활용하기 간편하고 또한 생각보다 강력하다.

장대봉 직전에 반대캔들(그림에서는 음봉)이 출현하지 않으면 출현할 때까지 찾아보면 된다. 그림에서처럼 장대봉 이전에 3번째에 음봉이 첫 출현했으므로 이 캔들의 수평범위가 Order Block이 된다.

장대음봉에 대한 매도 Order Block도 마찬가지. 직전 반대캔들인 양봉의 수평범위가 Order Block이 된다.

또 다른 Order Block 찾는 방법이 있다. 연속된 Engulfing 캔들이 출현하는 경우이다.

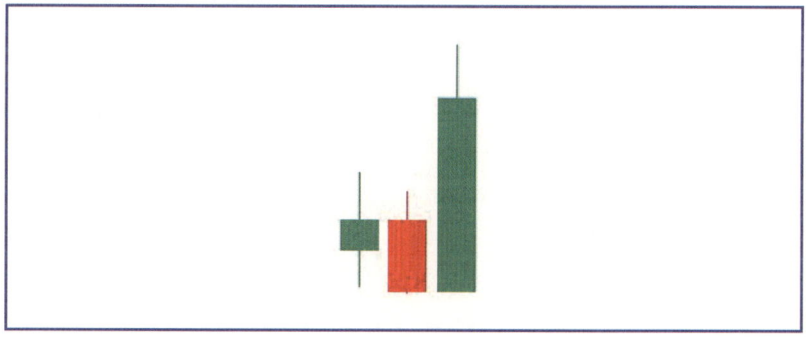

이 그림을 보면, 가장 좌측 양봉을 그 다음 음봉이 Engulfing(장악)했고 그 다음 양봉이 또한 음봉을 Engulfing했다. 연속으로 Engulfing했다. 이 경우에는 가운데 음봉의 수평범위가 Order Block이 된다. 연속 Engulfing의 경우는 당연하게도 양봉-

음봉-양봉, 또는 음봉-양봉-음봉의 순서로 출현해야 한다.

이번에도 차트를 통해 예를 한번 보자.

연속된 Engulfing 중 양봉-음봉-양봉의 예시이다. 장대봉만 체크했을 때의 케이스에 속하는 수 있지만 글이 징매봉이 아니더라도 기능하기 때문에 처리는 있다.

이번에는 음봉-양봉-음봉의 연속된 Engulfing 캔들이다. 중간 양봉이 Order Block 의 범위를 제공하고 있다. 이처럼 Order Block은 유용하게 쓰인다.

손절범위나 익절범위를 생각했을 때 참고하면 좋은 전략 중에 하나이기 때문에 잘 연습해서 사용해보자. 어느 전략이라도 마찬가지이지만 Order Block 역시도 자주 테스트되면 뚫린다. 한번, 두번 테스트는 괜찮지만 3번 이상의 테스트가 나오는 경우는 뚫릴 수가 있기 때문에 매매진입의 근거로서 비중을 덜 싣게 된다. 이 전략과 더불어 다른 전략도 함께 보면서 진입근거의 신뢰도를 높여가는 것이 좋다.

Order Block도 지지와 저항이다. 보통 지지(Support)나 저항(Resistance)은 최소 2번의 역할을 수행한다.

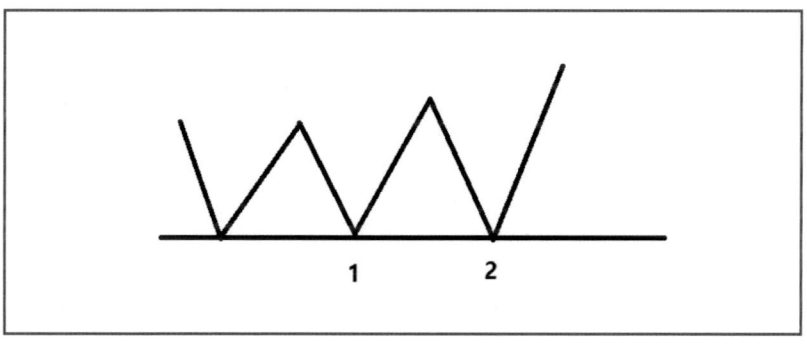

3번째부터는 해당 지지나 저항이 뚫릴 수 있다. OB도 마찬가지로 적용한다고 하면 조금 더 활용하기 수월할 것이다. OB가 만약 여러 프레임에서 같은 구간에 동시에 출현한다면 해당 프레임마다 2번씩의 역할을 수행하기 때문에 지지나 저항의 역할은 그 만큼 더 견고해질 것이다.

02 / 차트의 꽃, SFP(Swing Failure Pattern) A to Z

SFP는 다른 기법과 병행해서 활용하기 매우 좋다. 잘 활용하면 세력들의 Trap이나 개미들이 털리는 구간을 잘 피해갈 수 있다. 그리고 연습을 많이 해보면 확률이 높은 패턴이라는 것을 알 수 있다.

SFP는 단기 고점(Swing high)이나 단기 저점(Swing low)에서 스탑헌팅(Stop hunting)하는 것이다. 우리는 매매할 때 손절가를 필수로 설정한다. 이를 스탑로스(Stop loss)를 설정한다고 한다. 세력들은 우리가 언제 진입을 많이 하고 스탑로스를 어디로 설정하는지 대충 다 알기 때문에 한번에 대량으로 사거나 팔아서 우리의 스탑로스 가격까지 건드리는 것을 말한다. 이것이 마치 사냥하는 모습과 같아서 스탑 헌팅이라는 이름이 붙었다. 이 스탑 헌팅을 단기 고점이나 단기 저점에서 시도하는 것을 SFP라고 한다. SFP는 언제 출현하는가? 추세를 벗어났을 때 주로 나타난다. 필자는 주로 Range에서 SFP를 확인한다. Range는 채널(Channel)을 작도해서 확인하고 이 Channel을 벗어났을 때 출현한다. 다음 차트를 한번 보자.

위 비트코인 차트에서 채널(Channel)이 나타났다. 빨간색 동그라미 표시를 보면 채널을 벗어나서 아래로 유독 길게 꼬리가 나타나있다. 이것을 유의있게 봐야한다. 이것을 Trap, 또는 휩소(Whipsaw)라고 한다. 이것은 대량주문이 가능한 세력들이 할 수 있는데 이런 휩소를 통해 얻는 이점은 채널 하단부에서 롱(매수) 포지션을 취하는 트레이더들의 스탑로스는 대부분 채널 하단부가 된다. 따라서 이런 휩소가 발생하면 많은 롱포지션들은 스탑로스에 걸려서 손절된다. 이것을 스탑 헌팅이라고 했다. 그리고 또 하나는, 채널 하단부를 하방돌파하기 때문에 단기 돌파매매를 하는 트레이더들은 곧바로 숏포지션을 취한다. 하지만 숏포지션을 취하자마자 바로 가격이 상승해서 단기 숏포지션 트레이더들의 스탑로스를 또 걸리게 한다. 이 하단부, 즉 단기 저점에서 양쪽 포지션들이 모두 손절되고 그로 인해 손절되는 물량들을 모두 세력들이 흡수하여 얻게 된다. 우리는 이것을 세력(고래)에게 충분한 유동성(Liquidity)을 제공해준다고 표현한다. 즉, 세력은 가격을 올리기 전에 충분한 물량이 확보되지 않았다면 이렇게 한번씩 물량(유동성)을 얻기 위해 스탑 헌팅, 즉 SFP를 한다. 언제 SFP가 나타나는지는 알 수 없지만 인내로 기다리면서 SFP가 출현하면 우리는 그 때 포지션을 진입하는 것이다. 위 차트그림에서처럼 저점에서 아래 꼬리가 긴 SFP가 출현하면 롱포지션, 고점에서 위꼬리가 긴 SFP가 출현하면 숏포지션을 취한다. 목표가는 Range 하단 또는 상단이다. 손절가는 SFP 캔들의 긴 꼬리 상단(숏포지션의 경우) 또는 하단(롱포지션의 경우)이다. 위 예시에서는 5.35%의 수익범위를 얻는다. Range 안에서는 충분히 하단 또는 상단으로 목표가를 잡았을 때 성공률이 높기 때문에 Range를 찾아서 그 안에서 SFP를 보고 매매를 하면 좋다. 주의할 것은, SFP가 출현하면 우리는 꼭 해당 SFP 캔들의 종가마감을 확인해야 한다. 보통 SFP 캔들의 마감은 Range 안에서 마감하기 때문에 Range 안에서 마감이 된다면 어느정도 패턴이

컨펌(Confirmation)이 된 것으로 판단할 수 있다. 또한 되도록이면 캔들의 몸통이 거의 없는 도지캔들보다는 몸통이 조금 있는 것이 좋다.

위 차트에서 빨간색 동그라미 부분을 보면, 위 아래 양쪽에서 긴 꼬리를 남기는 SFP가 출현했지만 30분봉에서는 종가마감을 봐야 하므로 롱포지션은 진입하기 어려웠을 것이다. 5분봉처럼 더 짧은 타임프레임에서 본다면 진입은 할 수 있었을 것이다. Range 상단에도 SFP가 바로 출현했는데, 상단의 동그라미 친 부분의 캔들을 보면, 도지캔들도 우선 아니고, 종가마감도 강한 매도 압력으로 인해 Range 내로 들어와서 마감했다. 우리는 여기서 숏포지션을 들어간다. 이 예시에서 한가지 더 중요한 것은 Range 상단에서 SFP가 출현한 후에 다시 한번 SFP가 출현함으로써 상단을 테스트했는데 이처럼 한번 SFP가 발생한 이후에 다시 한번 테스트될 때 또는 다시 한번 SFP가 출현할 때 진입하는 것은 훨씬 더 신뢰도가 높은 방법이다. 물론 기회는 최초로 SFP가 출현했을 때 진입하는 것보다는 적겠지만 더 신뢰도가 높은 자리를 원하거나 첫번째 SFP를 놓쳤을 때 두번째로

SFP가 출현하기를 기다리면서 매매할 수 있다.

💡 3가지 TIP

❶ SFP가 출현하면 거래량은 주로 위 차트그림에서처럼 증가하기 때문에 한 번 체크해봐야 한다.

❷ 또한 이렇게 시장구조(Market Structure)가 하락추세에서 횡보로, 또는 횡보에서 상승추세로, 하락추세에서 상승추세로, 등 추세의 전환이 있을 때 주로 SFP를 기다리면 좋다. 그래야 단기 고점과 단기 저점, Range의 식별이 용이하기 때문이다.

❸ Confluence를 잘 활용해야 한다. 즉 다른 분석기법(TA)와 같이 활용해야 한다. 위 차트에서는 Weekly level과 Range가 겹쳐 있고 Range 하단에 일봉기준 오더블록(Order Block)이 존재하기 때문에 Range를 완전히 이탈하는 큰 하락보다도 적당하게 유동성(Liquidity)을 확보할 만한 단기 하락 SFP를 만들고 상승한다는 가능성이 더 높은 그림이었다.

위 방법을 이해하고 연습도 해봤다면 SFP에 대해 더 깊이 들어가보자.

SFP를 확인하기 위해서 Exochart나 Trading Lite 등 Footprint 차트를 확인할 수 있는 툴을 사용하면 더 정교하게 SFP를 확인할 수 있다(필자는 Exochart나 Trading Lite를 사용하지만 어떤 플랫폼을 사용하는 것은 사용자 임의로 하면 된다. 대신 Exochart가 더 고급 기능이 많다). 실시간으로 매수와 매도의 힘을 시각적으로 확인할 수 있기 때문이다.

Trading Lite를 통해 어떻게 SFP를 확인할 수 있는지 보자.

① 매수와 매도의 불균형(Imbalance)
② 미결제약정(Open Interest, OI)
③ 거래량(Volume)
④ 델타(Delta)

이 4가지를 확인하자. 복잡한 것 같지만 하나하나 이해하면 쉽다.

먼저, 매수와 매도의 불균형(Imbalance)는 무엇인가? 시장이 안정화되어있다면 매수와 매도는 서로 균형을 이룬다. 하지만 가격이 하락하고 있는 동안에는 매도가 더 우세하고 가격이 상승하고 있는 동안에는 매수가 더 우세하다. 이렇게 어느 한쪽의 포지션이 더 우세하다는 것을 불균형(Imbalance)이라고 한다. Imbalance는 매매를 공격적으로 하는 트레이더(Trader)들로 인해서 생기고 이로 인해 추세가 시작되거나 전환될 수 있다. 매수와 매도의 불균형의 비율은 4배~6배 이상이 되어야 의미있는 불균형지표가 된다. 이는 Exochart와 Trading Lite라는 플랫폼을 통해 확인할 수 있다.

아래에서 차트예시를 통해 자세하게 설명할테니 우선 알고만 있자.

미결제약정(Open Interest, OI)이라는 말은 청산되지 않은 포지션들을 말한다. 여기서의 청산은 최초 주문의 청산이 아닌, 완결된 의미에서의 청산이다. 즉, 만약 롱포지션 또는 숏포지션을 진입을 했을 때부터 손절이든 익절이든 하기 전까지의 상태가 미결제약정의 상태이다. 그렇다면 롱포지션과 숏포지션을 진입하는 사람들이 많아지면 미결제약정은 증가하고 반대로 손절이나 익절을 통해 포지션을 종료하는 사람들이 많아지면 미결제약정은 감소한다. 새롭게 오픈된 포지션(롱 또는 숏)이 생길 때 미결제약정은 증가한다는 의미이다. A라는 사람이 롱 포지션을 1개 오픈하면 미결제약정은 +1이 되며 이 A가 오픈한 롱 포지션을 숏포 지션으로 종료하면 미결제약정은 -1이 된다.

미결제약정(Open Interest, OI)은 가격과 다음과 같은 상관관계가 있다.

❶ 가격 상승, OI 상승 (거래량도 상승) ⇒ 새로운 롱포지션 많아짐, 상승우세
❷ 가격 상승, OI 하락 (거래량은 하락) ⇒ 롱포지션 종료로 추세반전 가능
❸ 가격 하락, OI 상승 (거래량은 상승) ⇒ 새로운 숏포지션 많아짐, 하락우세
❹ 가격 하락, OI 하락 (거래량은 하락) ⇒ 숏포지션 종료로 추세반전 가능

미결제약정(OI)은 매우 필수적으로 확인해야 한다. OI 자체만으로 어떤 패턴을 찾는 것은 그렇게 중요하지는 않지만 다른 지표와 같이 봐야 의미가 있다.

간단하게 해외거래소를 통해 미결제약정을 확인할 수 있다.

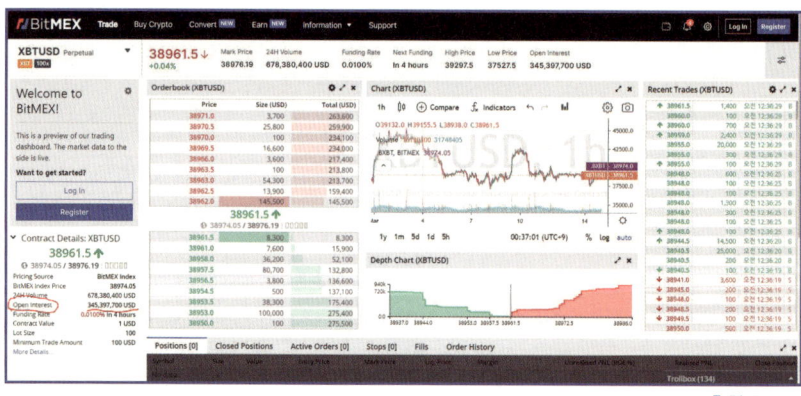

출처: Bitmex

위 그림은 비트멕스(Bitmex) 거래소 메인화면이다. 빨간색으로 동그라미 친 부분처럼 Open Interest라고 되어있는 부분이 미결제약정이다. 보면, 2022년 3월 중

순 기준으로 3억 4천 5백만달러가 있고, 이 부분에 마우스를 갖다 대면 비트코인 개수로 나타난다. 약 880만개의 비트코인의 양만큼이 미결제약정으로 나타난다.

출처 : Binance

그리고 바이낸스(Binance)라는 거래소에 들어가도 Open Interest를 확인할 수 있다.

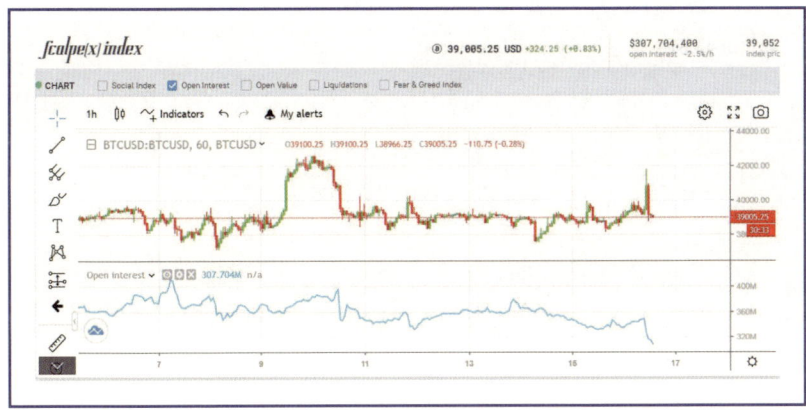

출처 : www.scalpexindex.com

https://scalpexindex.com/app/ 라는 사이트에서도 미결제약정을 파악할 수 있고 https://www.tradinglite.com/chart 에서도 확인할 수 있다. Coinalyze 라는 사이트에서도 확인할 수 있다.

출처: Coinalyze

이제 미결제약정의 개념을 배웠다. 거래량은 알 것이고, 델타(Delta)는 간단하게 매수량과 매도량의 차이이다. 어려울 것 없다.

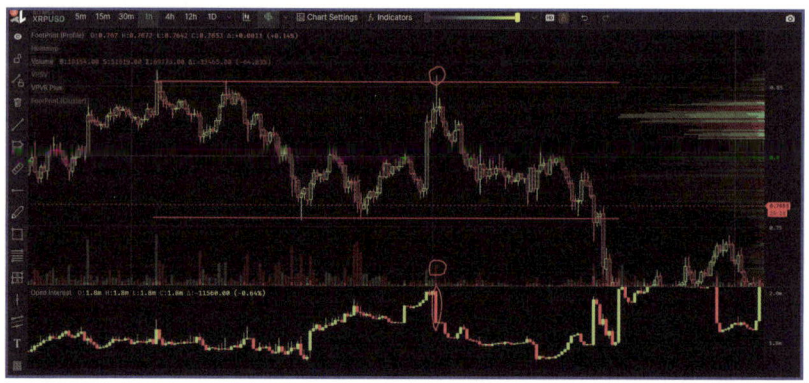

이 그림이 Trading Lite라는 플랫폼이다. 리플(XRP)차트를 가져왔다. 얼핏 보면 TradingView와도 비슷하게 보이지만 여기는 일반적인 캔들 차트에 더해서 Footprint 라는 차트를 제공한다. Footprint는 현재 매수와 매도의 차이를 시각적으로 잘 나타내주는 유용한 도구이다.

위 그림은 채널 상단에서 SFP를 빨간색 동그라미로 표시했는데, 이 부분만을 더 확대해서 보겠다. 이해를 돕기 위해 2번에 걸쳐서 확대를 해보겠다.

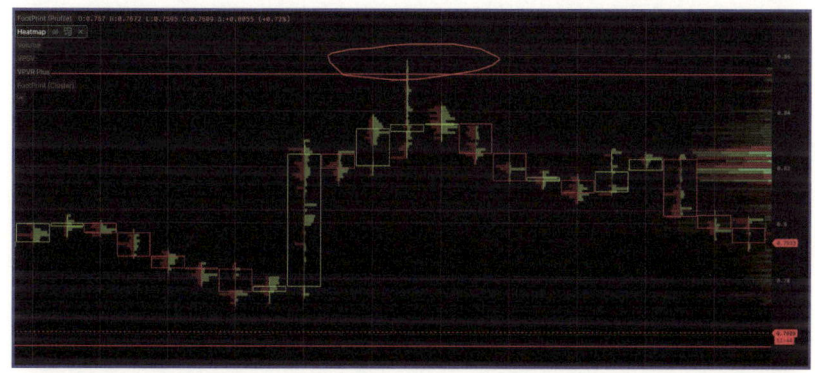

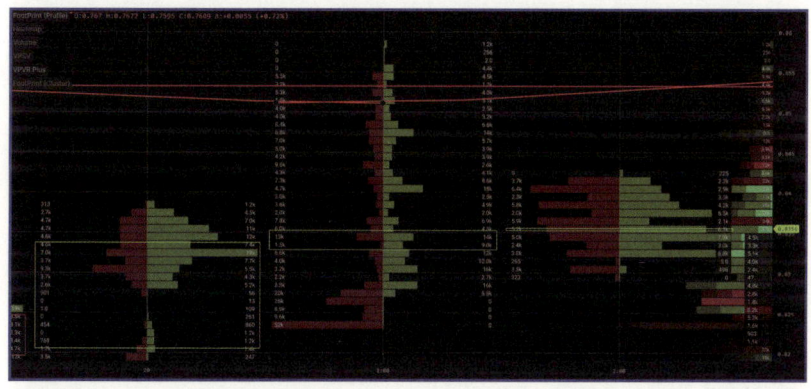

확대한 그림이다. 캔들별로 그래프가 나타나있는 것을 확인할 수 있다. 세로로 가격대별로 매도(왼쪽 빨간색)와 매수(오른쪽 녹색)의 양이 표시되어 있다. 이 그림에서 중간 캔들의 그래프를 보게 되면, 상단부로 갈수록 매수(녹색)의 양이 매도(빨간색)보다 많아지는 것을 볼 수 있다. 이것이 불균형(Imbalance)이다. 매수가 더 많으므로 Buying Imbalance가 발생했다고 표현한다. 이 그림을 그대로 델타로 변환하면,

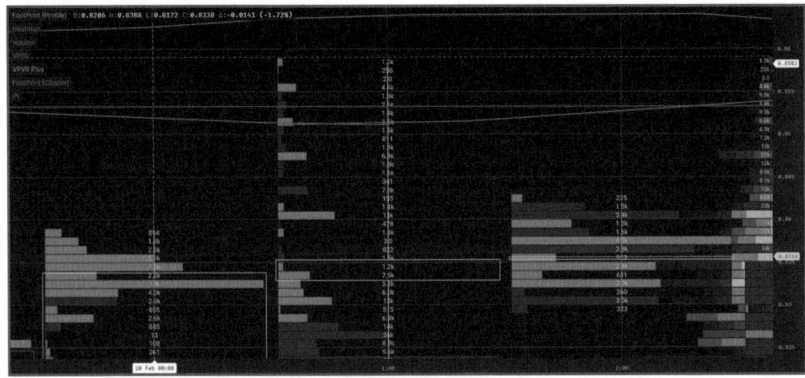

이렇게 된다. 그냥 매수와 매도의 차이를 델타라고 했기 때문에 녹색으로 표시가 된 부분을 위주로 Buying Imbalance가 발생하고 있음을 확인하면 된다.

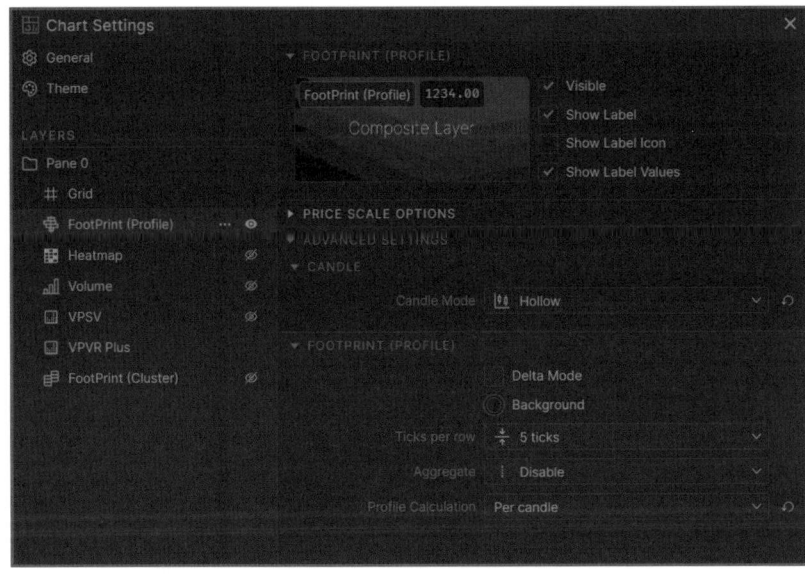

해당 Footprint의 설정이다. 중간 밑에 Delta Mode를 체크해주면 위의 그림처럼 바뀐다.

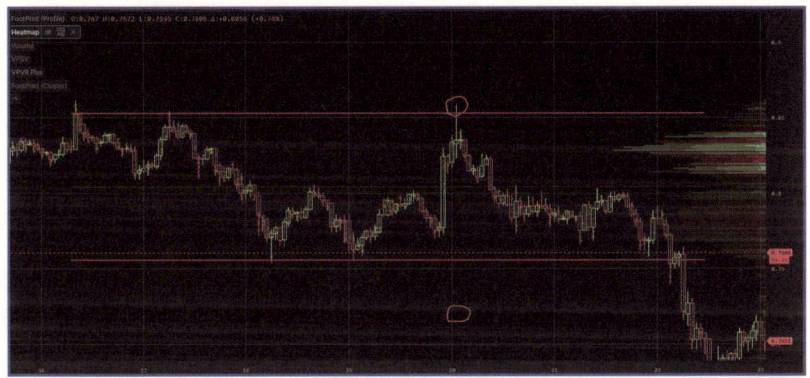

다시 돌아와서, 우리는 채널 Range 안에서 SFP를 확인하려고 했다. 자, 그러면 어떻게 SFP를 확인하는지 설명한다.

먼저, Range 상단에서 SFP가 발생하는 경우, 다음과 같은 특징들이 생긴다.

① Range 상단에서 숏포지션들이 청산되고 돌파로 인한 신규 롱포지션들이 늘어나게 된다. 이렇게 되면 Buying Imbalance가 증가한다.

② 그대로 돌파한다면 새로 유입되는 롱포지션들이 많아져야 하지만 바로 Range 내로 매도압력을 가해 가격을 하락시키면 롱포지션들도 곧바로 손절 또는 종료된다. 숏포지션들도 손절로 인해 종료가 많이 되었으니 숏과 롱 모두 포지션이 종료된다. 곧, 미결제약정(Open Interest)은 감소한다.

③ 해당 SFP캔들의 꼬리(wick)부분에서 델타는 매수쪽(Positive)이다.

④ 거래량(Volume)은 증가한다.

이 4가지가 모두 Trading Lite에서 식별할 수 있는지 확인해보자.

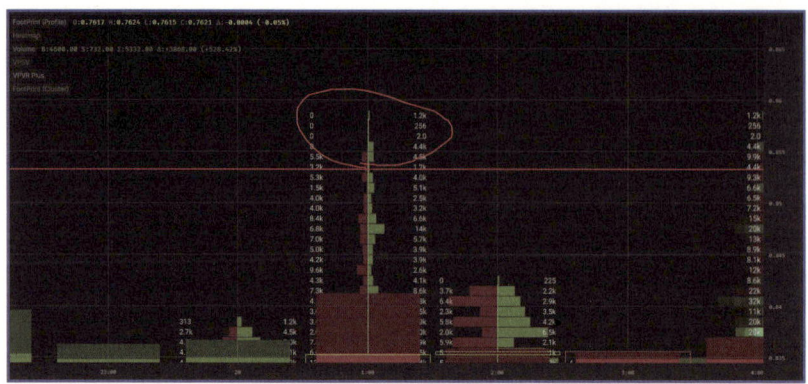

1번의 Buying Imbalance는 확인되었다. 매도보다 4배~6배정도 많아야 한다고 했다. 매도는 거의 없으므로 Imbalance는 확정이다. 자동으로 3번 델타도 당연히 Positive이다.

이 그림에서는 2번과 4번, 미결제약정과 거래량 2가지 모두 확인할 수 있는데, 미결제약정은 감소하고 거래량은 증가해야 한다고 했다. 그림에서 확인할 수 있다.

이렇게 하면 Range 상단에서 SFP를 발견할 수 있다. 다른 말로 Trapped Longs를 확인할 수 있다. 정리하면,

- Trapped Longs(Range 상단)

    많은 Buying Imbalance, 거래량 증가, OI 감소, Positive Delta(매수쪽 델타)

- Trapped Shorts(Range 하단)

    많은 Selling Imbalance, 거래량 증가, OI 감소, Negative Delta(매도쪽 델타)

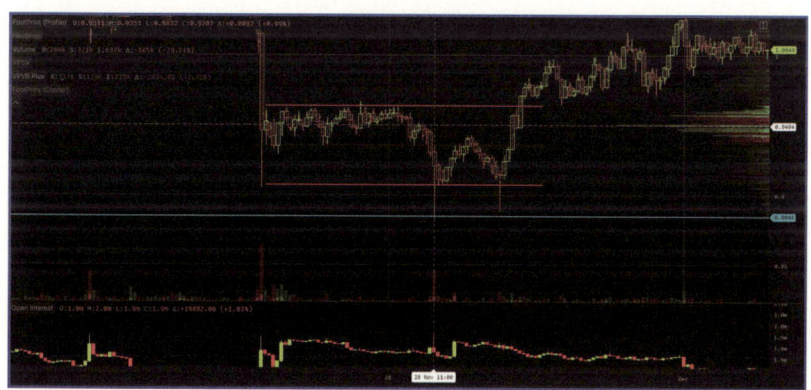

　　Range 하단에 SFP가 발생한 경우(=Trapped Shorts)이다. SFP의 경우 HTF상의 주요 수평레벨과 같이 병행(Confluence)해서 보면 더 좋다. 위 그림에서도 파란색 수평레벨이 Daily level이다. 우리가 배웠던 Open Interest나, Imbalance도 보고 수평레벨도 보고 하는 것들은 정말 SFP가 발생을 하는 것인지를 컨펌하는 과정이다. 꼭 필요하다. 개인적으로 필자는 주요 수평 레벨과 피보나치를 같이 확인한다. 오직 Imbalance나 캔들의 모양만 보고 매매하지는 않는다.

　　이 SFP는 모든 타임프레임에서 출현하기 때문에 단기(단기는 5분, 15분 타임프레임을 추천)부터 스윙트레이딩까지 모두 폭넓게 이용할 수 있는 좋은 패턴이다. 또한 손절가가 가깝기 때문에 손익비 좋은 매매를 할 수 있다는 것이 장점이다. 충분히 고점인지, 저점인지 확인하고 또 고점과 저점이 올 때까지 기다려야 한다. 이것이 기본적인 SFP를 이용한 트레이딩 방법이다.

03 / 필수로 봐야 할 CVD(Cumulative Volume Delta)

CVD는 "누적 거래량(Cumulative Volume)"의 변화를 나타낸 것이다. 누적 거래량이라는 것은 매수거래량과 매도거래량의 합산이 된다. 즉 누적된 델타의 변화를 나타낸다. CVD는 무척이나 활용도가 높다. 필자는 RSI나 스토캐스틱, MACD 등 다이버전스를 확인할 수 있는 지표들은 많지만 그 중에서 CVD를 잘 활용한다.

CVD 다이버전스도 상승 다이버전스와 하락 다이버전스가 있다.
먼저, CVD 상승 다이버전스는 다음과 같다.

❶ 가격
　저점을 높이며 상승(Higher Low)

❷ CVD
　저점을 낮추며 하락(Lower Low)

위 그림처럼 차트의 가격은 저점을 높이며 상승하지만 CVD는 저점을 낮추며 하락하고 있다. 전형적인 CVD 상승 다이버전스이다. 여기서 한가지 알 수 있는 점은, 다이버전스를 설명한 섹션에 가서 보게 되면 CVD 상승 다이버전스와 일반적인 상승 다이버전스가 반대임을 알 수 있다. 일반 상승 다이버전스는 가격의 저점이 낮아지고(Lower Low) 보조지표 오실레이터의 저점이 상승해야(Higher Low) 상승 다이버전스가 성립해서 가격이 상승하지만 CVD는 반대이다. 또는 CVD 다이버전스는 일반 다이버전스가 아니지만, 히든 다이버전스와는 방향이 같다는 것도 알 수 있다.

CVD 상승 다이버전스는 왜 생길까?

이유는 다음과 같다. 가격이 이전 저점(편의상 A라고 해보자)보다는 더 높은 저점(B라고 하자)을 만드는데 CVD가 더 낮은 저점을 만드는 현상은, CVD는 누적거래량의 변화라고 했으므로 A지점보다 B지점에서 공매도(숏)가 더 많이 발생한 것을 뜻한다. 공매도가 더 많이 발생하면 가격은 내려가야 하지만 A보다 B가 더 높은 가격에서 마감한 이유는 B지점에서 더 자본이 많은 세력이 그 많은 공매도 물량을 모두 지정가 매수로 모두 사들였다는 것을 의미한다. 따라서 가격은 그 지점에서 더이상 내려가지 않고 상승하게 된다.

이번에는 CVD 하락 다이버전스에 대해 알아보자.

① 가격

    고점을 낮추며 하락(Lower High)

② CVD

    고점을 높이며 상승(Higher High)

가격의 고점은 낮아지는데 CVD의 고점은 높아지고 있다.

CVD 하락 다이버전스도 다음과 같은 이유로 생긴다.

가격이 이전 고점(편의상 A라고 해보자)보다는 더 낮은 고점(B라고 하자)을 만드는데 CVD가 더 높은 고점을 만드는 현상은, A지점보다 B지점에서 공매수(롱)가 더 많이 발생한 것을 뜻한다. 공매수가 더 많이 발생하면 가격은 올라가야 하지만 A보다 B가 더 낮은 가격에서 마감한 이유는 B지점에서 더 자본이 많은 세력이 그 많은 공매수 물량을 모두 지정가 매도로 모두 팔았다는 것을 의미한다. 따라서 가격은 그 지점에서 더이상 올라가지 않고 하락하게 된다.

CVD 다이버전스의 구간을 확인할 때 어떤 타임프레임이든 상관없이 캔들의 개수는 많을수록 좋다.

다음과 같은 예시도 보자.

붉은색 선을 보면, CVD 하락 다이버전스이다. 그럼에도 불구하고 가격은 조금 하락 후에 다시 상승하면서 흰색 선으로 만든 CVD 하락다이버전스가 다시 출현하고 있다. 하지만 가격선이 어느정도 수평으로 맞춰지면서 하락다이버전스는 약해지고 있는 것도 확인할 수 있다. 여기서 중요한 점은, 붉은색 선을 통한 CVD 하락 다이버전스가 출현했을 때 하락이 이전 저점보다 더 아래로 내려가지 않고 Higher Low를 만들면서 다시 상승했다. 이는 상승구조(HH+ HL)을 깨지 않고 형성하며 올라가는 모습이다. 따라서 이렇게 Market Structure상 상승 구조를 깨지 않고 다이버전스를 약하게 만드는 흐름이 나오면 하락다이버전스는 실패하고 가격은 상승할 확률이 높아진다.

그렇다면 CVD 다이버전스를 통해 어디서 진입할까?

CVD 하락 다이버전스가 출현했다. 그리고 하락 다이버전스가 출현하기 전 저점보다 더 아래로 뚫고 내려갔을 때 숏을 진입하면 된다. 하지만 더 안전하게 하기 위해서 그 이전 저점라인을 리테스트하거나 위와 같이 Volume Profile의 POC부분에 리테스트할 때 숏 포지션을 진입한다. 중요한 것은 Market Structure가 무너지는 것을 잘 봐야 하고 다른 전략과의 Confluence 또한도 중요하다.

04 / 나만 쓰는 피봇 포인트(Pivot Point)

피봇 포인트는 수평 저항과 수평 지지를 잘 확인하게 할 수 있는 유용한 도구이다. 목표가와 손절가(Stop Loss, Invalidation)를 설정하기 용이하다. 데이트레이딩을 하기도 편하고 스윙 트레이딩을 하기에도 편하다.

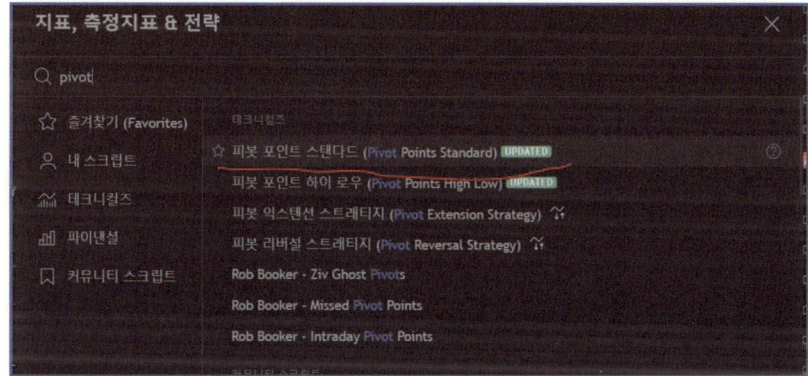

피봇 포인트는 위와 같이 "피봇 포인트 스탠다드(Pivot Points Standard)"를 선택한다.

선택하면 위와 같이 복잡해보이는 수평선들이 나온다. 하지만 복잡할 것은 없다. 잘 보면, P선을 기준으로 위에는 R1, R2, R3 … 으로 선들이 생기고 아래에는 S1, S2, S3… 이런 식으로 선들이 또한 생긴다. R은 Resistance, 저항선이고 S는 Support, 지지선이다. 15분봉으로 피봇 포인트를 보면 선의 좌우 간격이 하루를 기준으로 설정된다. 따라서 하루 안에 매매하는 데이트레이더들은 15분봉이 가장 좋고, 1시간봉으로 피봇 포인트를 보면 선의 좌우 간격이 일주일 기준으로 설정된다. 그래서 보통 일주일 안으로 매매하는 스윙트레이더들은 1시간봉이 좋다.

위 모습은 복잡해보이기 때문에 피봇 포인트 세팅 설정을 다시 한번 해보자.

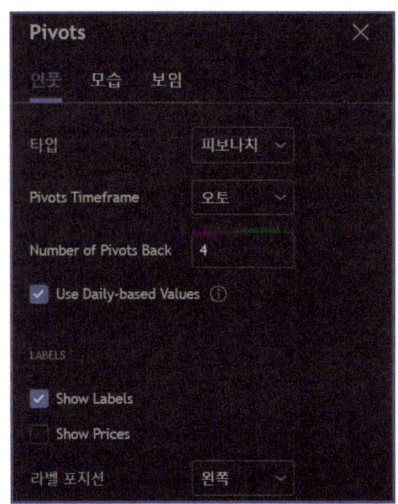 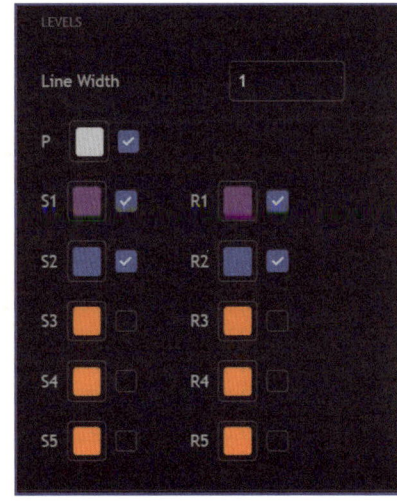

기본설정 외에 커스터마이징한 것은,

먼저 타입에서는 트레디셔널(Traditional), 피보나치, 우디(Woodie), 클래식, DM, 카마릴라가 있다. 초기 설정은 트레디셔널로 되어 있다. 필자는 피보나치를 선호한다.

Number of Pivots Back 은 3~4를 선호한다. 설정해보면 어떤 뜻인지 간단하게 알수 있다. S1, P1, S2, P2까지만 설정한다. 조금 더 설정하고 싶으면 S3, P3까지는 설정할 수 있다. 그 이상은 차트가 복잡해보여서 굳이 설정하지는 않아도 무방하다.

위와 같이 설정하면 이렇게 된다.

피봇 포인트를 활용하는 방법은, 아래에서 매수했다면 R1이나 R2에서 이익실현을 하면 된다. 아니면 R1이나 R2에서 숏포지션을 진입하면 된다. 반대로, 저항에서 공매도했다면 S1이나 S2에서 이익실현을 해도 된다.

항상 다른 전략과 함께 봐야 신뢰도가 높은 지점을 파악할 수 있다. S와 R은 각각 지지와 저항을 의미하지만 선을 뚫고 나가면 Flip되어 지지는 저항으로, 저항은 지지로 쓰일 수 있다.

피봇 포인트는 위와 같이 VPFR의 nPOC처럼 활용할 수 있다. 이를 nPivot이라고 명명한다. 위와 같이 피봇 포인트에 차트가 터치하지 않았을 때, 다시 하락해서 터치하면 지지가 나올 확률이 크다. 매번 강조하듯이 피봇 포인트 단일로는 절대 매매근거로 삼지 않는다. Daily Level이 피봇 포인트 근처에 있기 때문에 44500~44800은 지지로서의 신뢰도를 가질 수 있다.

이후에는 이렇게 되었다.

05 / 스캘핑 매매에 도움이 되는
Liquidation Trading

　　Liquidation이라는 말은 "청산"을 뜻한다. 선물시장에서 레버리지를 사용한 매매를 하게 되면 강제청산가격이라는 것이 생긴다. 100배 레버리지라고 하면 가지고 있는 돈보다 100배 더 많은 주문을 할 수가 있는데 대신 가격이 1/100만 변동되면 강제청산(Liquidation)된다. 50000불에 비트코인을 100배 레버리지로 롱(공매수) 포지션을 개설했으면 약 500불이 떨어진 49500불이 되면 내 롱 포지션은 자동으로 청산되고 주문한 내 돈은 사라진다. 이러한 강제청산(Liquidation)을 이용해서 매매를 할 수 있다. 이것을 Liquidation Trading이라고 한다. 이 매매는 매우 짧은 단타(=스캘핑)를 할 때 사용된다. 그러므로 1분봉에서 본다.

　　청산가격을 계산하는 것은 각 거래소마다 계산기가 있다. 바이비트(Bybit)라는 거래소에서 계산기를 한 번 해보자.

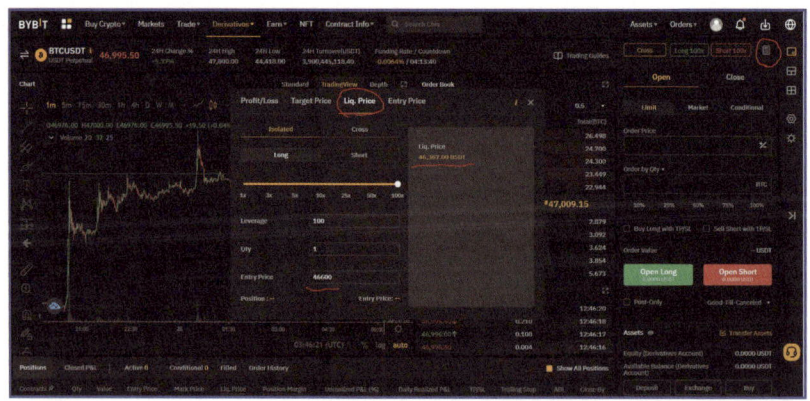

로그인을 하고 선물거래창(Derivatives)에 들어가서 우측 상단쪽에 보면 롱, 숏 우측에 계산기 모양이 있다. 그것을 클릭하면 위 그림과 같이 수익이나 목표가 등을 계산할 수 있도록 창이 하나 뜨는데, 3번째에 Liq. Price 를 클릭하면 청산가격을 알 수 있다. Isolated(격리) 카테고리에서 롱 또는 숏을 선택하고 Leverage(레버리지)는 100배, 양(Qty)는 아무렇게나 적고 Entry Price(진입가)는 예를 들어 46,600불이라고 하자. 그렇게 하면 우측에 Liq. Price가 46,367불로 나타난다. 100배면 원래 46,134불이지만 수수료를 포함한 "유지마진"이라는 시스템으로 인해 0.5%정도만 가격이 하락해도 100배 레버리지는 청산된다. 이 비율은 거래소마다 각기 수수료체계가 다르기 때문에 100배라도 해도 약간씩 청산가가 다르지만 필자는 그 중에서 청산가가 타이트한 바이비트 거래소를 기준으로 청산가격을 본다. 이를 차트에서 한번 보자.

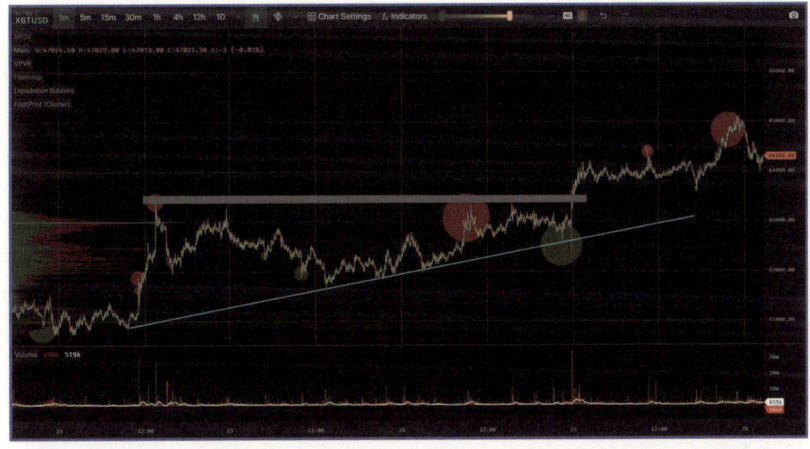

위 차트는 Trading Lite에서 본 비트코인 1분봉 차트이다. 먼저 흰색 박스는 저항대를 표시한 것이다. 그리고 저항대 아래에서 횡보(Consolidation)를 하고 있음을 발견할 수 있다. 이를 Consolidation under the resistance라고 한다. 이러한 구간에서 저항대를 상방으로 뚫기 전에 100배 롱포지션을 청산하고 상승하는 움직임은 자주 일어난다. 이런 움직임은 1분봉에서 꼬리로 포착이 된다.

위에 예시로는, 상승추세선으로 계속해서 Higher Low를 만들어가면서 Ascending Triangle을 만들고 상승을 하기 위한 조건으로 다가간다면 상승하기 전에 위와 같이 롱포지션 청산의 움직임을 미리 예측하고 준비할 수 있다.

위에 사진에서 보면 붉은색, 녹색 동그라미가 있는데 이는 Liquidation Bubble이라는 지표이다. Trading Lite나 Exochart에 있다. 어느 시점에 청산이 되었는지 알려주고 동그라미의 크기로 얼마나 청산되었는지를 알 수 있다. 위에 보면 상승하기 전에 녹색 동그라미가 음봉 아래꼬리부분에 크게 있는데 이것은 롱포지션이 청산되었다는 것을 말해주고 있다.

이런 자리에서 우리는 고배율(High-Leverage)로 진입해서 빠르게 수익을 보고 나올 수 있는 전략을 취할 수 있다.

롱포지션이 청산되었다는 것은 숏포지션으로 청산되었다는 뜻이다. 즉 매도 물량으로 기꺼이 되었다는 뜻이다. 이글 Footprint 사트를 통해 확인할 수 있다.

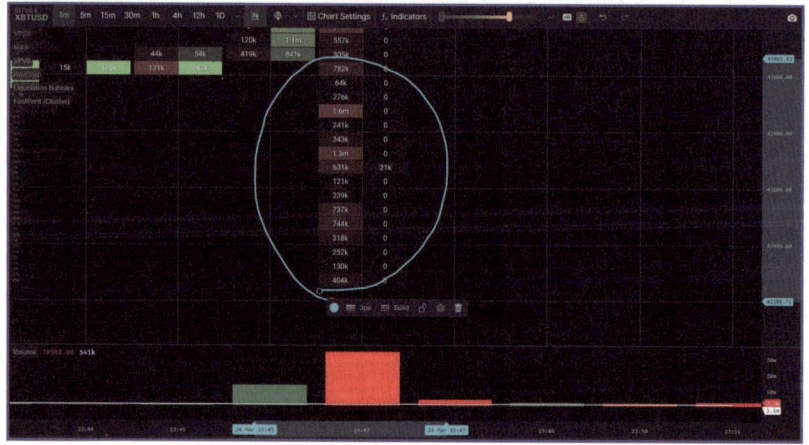

위 사진은 1분봉으로 롱포지션이 청산된 곳에서의 매도와 매수 거래량의 차이를 보여준다. 매수쪽은 거의 없고 매도물량만 계속 나오고 있다(Imbalance). 이는 빠르게 롱포지션을 청산시킨 움직임이라고 판단한다. 거래량도 높게 나오고 있다.

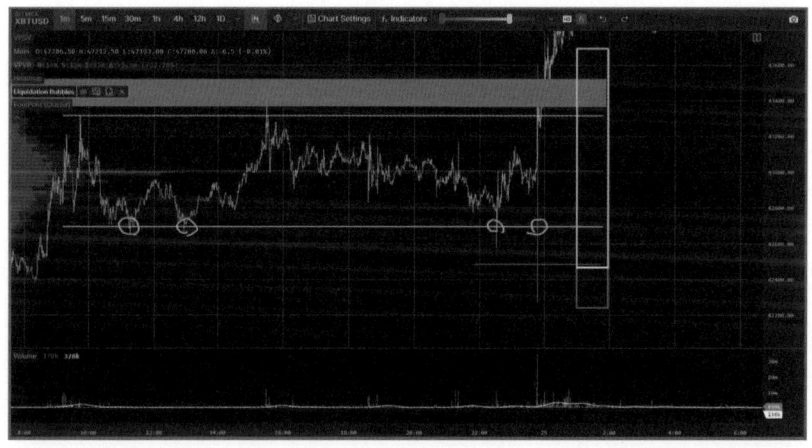

정리하면, Consolidation under the resistance 인 상황에서 거래량이 높게 나오고 있는 시점에서 1분봉 스캘핑으로 100배 청산가에 지정가로 매수하는 방법이 Liquidation Trading이다. 진입은 100배 청산가보다 약간 아래에서 매수한다. Liquidation Bubble과 Footprint를 확인하면서 진입할 수 있다. 한편, SFP 섹션에서 배운 것처럼 레인지가 형성이 되고 그 레인지 하단에서 SFP가 출현하는 것도 같이 체크할 수 있다. 이 때 레인지 하단에서 100배 롱은 위에 예시에서는 빨간색 수평선이 청산가였다. 우리는 이 청산가보다 약간 아래에서 고배율로 롱포지션을 매수할 수 있다. 지정가매수할 수도 있고 아니면 시장가매수할 수도 있는데, 지정가보다는 시장가매수가 조금 더 안전할 수 있다. 왜냐하면 시장가매수를 한다고 하면 100배 롱포지션 손절가로 가격이 떨어진 후 거래량을 동반한 양봉이 출현했을 때 바로 진입하기 때문이다. 지정가매수시 손절가는 롱포지션이 체결되었을 때 Market Structure의 구조상 이전 Higher Low보다 아래에 설정하고 들어 간다. 그리고 체결되었을 때는 꼬리 하단에 손절가를 다시 설정한다. 시장가매수 시에는 바로 꼬리 하단에 손절가를 설정하면 된다. 고배율이기 때문에 손절가만 큼의 이익이 나고 있을 때 부분익절하고 손절가를 진입가로 올려서 수익을 계속 지켜보면 된다. 이것이 Liquidation Trading이다. 확률이 좋은 전략 중에 하나로 잘 활용하면 빠른 템포로 매매를 진행할 수 있다.

06 / CME Gap

비트코인은 금융파생상품 거래소인 CME Group(시카고 거래소)에서 거래가 되고 있다. 우리가 흔히 보는 비트코인은 24시간동안 거래가 되고 있다. 하지만 CME에서 거래되는 비트코인은 주식의 개장과 폐장처럼 정해진 시간동안만 거 래되고 있기 때문에 갭(Gap)이 존재한다. 거래 마감부터 오픈까지 거래가 되지 않는 시간동안에도 코인의 가격은 계속 움직이기 때문이다.

CME에서 거래되는 비트코인 선물은 트레이딩뷰에서 BTC1! 이라는 심볼로 확 인할 수 있다.

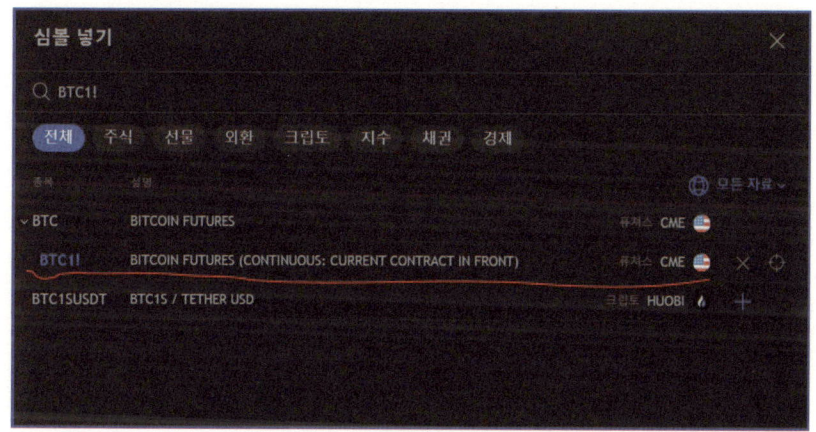

　　비트코인 CME 선물은 위와 같은 차트이다. 자세히 보면 캔들과 캔들 사이에 간격이 있는 것을 확인할 수 있다. 이렇게 간격이 있는 CME 차트에서 우리가 활용할 점은, "갭은 결국 채운다"라는 것이다. 채운다는 말의 의미는,

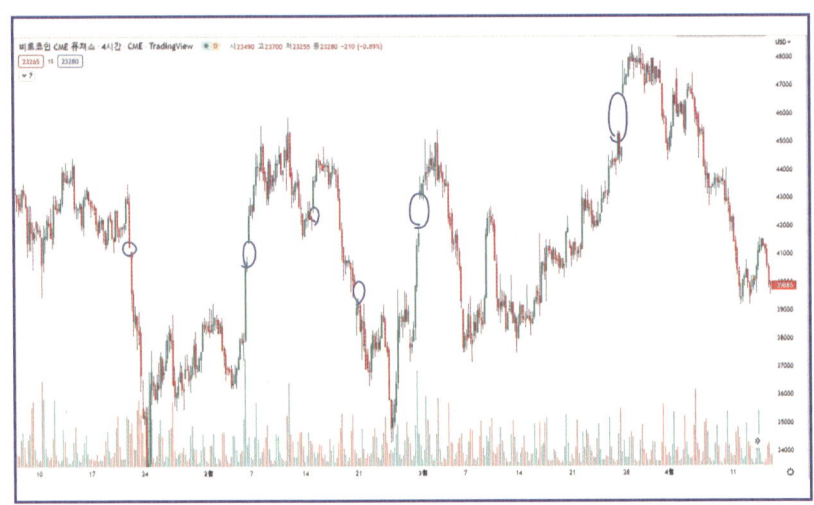

위와 같이 가격 사이에 발생한 갭은 차트가 진행될 때 파란색 동그라미처럼 다시 돌아오는 것이 채운다는 뜻이다. 반드시 꼭 이렇게 되는가? 한다면 그렇지는 않다.

갭을 채워야 한다는 것은 어떤 명확한 이유가 있다기보다는 그동안 거의 모든 갭이 채워져 왔기 때문에 앞으로도 언젠가는 채울 가능성이 크다고 말할 수는 있는 것이다.

위의 갭도 정확하게 꼬리로 채우고 올라간 것을 볼 수 있다.

그렇다면 2022년 6월 13일기준 보이는 최근의 CME 갭도 채울 가능성이 많다고 한다면 다시 28740불까지 상승할 수 있다고 생각하는 것이다. 상승패턴이 출현해서 상승한다고 한다면 CME갭까지는 채울 때까지는 매도보다는 관망하는 것으로 생각할 수 있다. CME갭을 중심으로 매매하는 것은 위험하지만 참고용으로는 활용할 수 있다.

Chapter 6

거래량의 비밀

01 / 거래량(Volume)의 모든 것

매매에 있어서 정말 중요하게 생각해야 할 것이 바로 거래량(이하 볼륨)이다. 직관적이면서도 활용도가 높기 때문이다. 거래가 1번 일어나기 위해서는 내가 시장에 물건을 내놓기만 하면 거래가 일어난 것이 아니다. 내놓은 물건을 누군가가 사줘야 1번의 거래가 일어난 것이다. 따라서 매수가 일어나고 매도까지 되어야 1번의 거래가 된 것이다.

거래량이 많다는 것은 무엇을 의미할까? 많은 자본이 거래되었다는 것이다. 개미들이 몰린 구간도 있지만 그것보다 많은 기관이 참여하고 있다고 판단한다. 그렇게 되면 가격은 어떻게 될까? 가격과 거래량의 상관관계는 다음과 같다.

① 가격 상승, 거래량 상승 ⇒ 강한 상승추세
② 가격 상승, 거래량 하락 ⇒ 상승추세가 약해짐(하락)
③ 가격 하락, 거래량 상승 ⇒ 강한 하락추세
④ 가격 하락, 거래량 하락 ⇒ 하락추세가 약해짐(상승)

가격이 지속적으로 상승하고 있는데 거래량도 상승하고 있다. 이는 상승추세가 계속될 것을 예고한다.

가격이 상승하고 있는데 거래량이 하락하고 있다면 상승추세가 약해지고 있어 하락조정이 예상된다. 정확하게 언제 하락이 나오는가는 다른 기술적 분석과 더불어서 확인할 수 있다.

다른 지표나 패턴을 통해 조정이 아니라 추가적인 상승이 나올 수도 있다.

가격이 하락하고 있는데 거래량이 상승하고 있으면 강한 하락추세가 이어진다. 이 경우 하락추세가 계속될 것이기 때문에 숏포지션은 홀딩할 수 있다.

가격이 3번에 걸쳐서 저점을 찍는 하락이 나왔다. 하지만 거래량은 처음 큰 하락 이후에 점점 줄어들면서 하락추세가 약해지는 모습이 출현했다. 이 경우는 상승의 가능성이 높다.

경험상 보통 이렇게 3번에서 많게는 4번정도의 큰 하락이 있고 여기에 동반되는 거래량이 지속적으로 줄게 되면 매우 높은 확률로 상승(Bullish)이 나온다.

보통 거래량은 지지나 저항을 돌파했을 때 큰 거래량을 동반하기도 한다. 만약 거래량이 미미하다면 단순 휩소(Whipsaw)일 수도 있기 때문에 포지션 진입보다는 관망하는 편이 낫다.

가격에도 해당 가격을 평균해서 지표로 쓸 수 있는 이동평균, MA(Moving Average)라는 것이 있다. MA를 잘 활용하면 가격에 대한 지지와 저항으로도 쓸 수 있다.

그리고 거래량에도 이동평균(MA)가 있다. 위 그림에서처럼 거래량에 흰색 선이 있는데

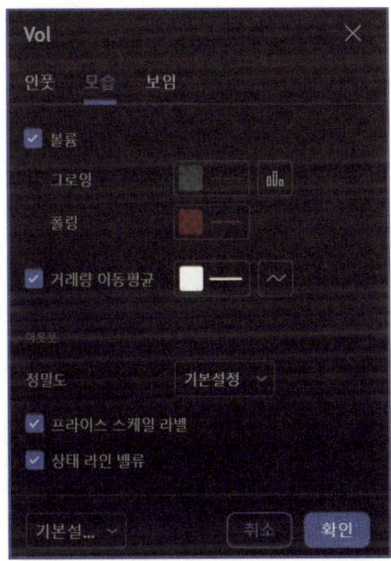
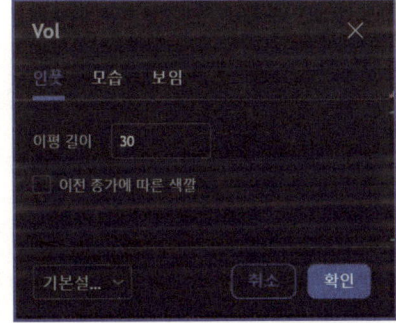

이렇게 거래량 설정에 들어가보면 이평 길이(MA length)라고 해서 이동평균의 길이를 설정할 수 있다. 기본 20으로 되어있지만 필자는 30으로 놓고 쓴다. 이동평균의 의미는 해당 캔들의 개수의 평균이라 보면 된다. 30이라고 하면 30개의 캔들의 평균이다. 일봉에서 보면 30개의 캔들, 즉 30일 거래량의 평균이라고 생각하면 되고 1시간봉에서 보면 30시간 거래량의 평균이라고 생각하면 된다.

이렇게 이동평균(MA)을 보게 되면 거래량이 MA보다 낮은 구간과 높은 구간을 볼 수 있고 MA보다 월등히 높은 구간에서는 어느정도 유의미한 가격의 변화가 있을 것이라 예상하고 차트를 볼 수 있다. MA와 비슷하거나 낮은 구간은 추세를 만들기 위한 횡보(ex. 박스권)구간일 가능성이 있다.

그렇다면 MA를 보는 이유는 무엇일까? 그 이유 중 하나는 상대적으로 현재 이 거래량이 많은 것인지 적은 것인지 파악할 수 있다는 것이다. 거래량이 폭발적으로 많은 시기와 그렇지 않은 시기는 거래량의 절대량 자체가 다르다. 시장 상황에 따라 거래량이 적은 시기에도 거래량이 많은 시기에 있었던 장대양봉들이 충분히 나올 수 있다. 예전의 높았거나 낮았던 거래량들과 비교하는 것이 아니라 최근 거래량들의 이동평균을 기준삼아 가격과 거래량의 상관관계를 파악하는 것이 핵심이다. 거래량이 많다 적다는 이동평균을 기준삼아 생각하면 편하다.

보통은 가격이 상승할 때, 즉 캔들의 길이가 길수록 거래량도 증가하는 것이 맞지만 하나 유념해야할 것은, 캔들의 길이가 짧을 때 거래량이 평균(거래량 이동평균)보다 훨씬 높은 경우이다. 이러한 캔들이 나왔을 경우를 항상 조심해야 한다. 상승추세가 꺾일 때, 또는 하락추세가 꺾일 때 자주 등장한다. 주로 5분봉에서 잘 출현한다.

캔들의 몸통은 작지만 이동평균 위로 거래량이 많이 나왔다. 하락추세 하단에서 이러한 캔들이 출현한 것으로 보아 상승으로 전환될 수 있는 단서를 얻었다.

위 사진에서도 마찬가지로 음봉 몸통은 작은데 거래량은 이동평균 이상으로 높게 나온 것을 볼 때 추세가 전환될 수 있는 가능성을 확인한다. 이런 캔들들은 박스권 상단과 하단에서도 출현할 수 있으니 유념해서 봐야 한다.

위 그림을 보면 상승하면서 볼륨이 줄어들지 않고 있다. 이 구간에서는 하락에 대한 시그널은 없다. 하지만 오른쪽 부분에서는 가장 높았던 볼륨보다 훨씬 더 큰 하락볼륨이 터진 것을 확인할 수 있고 그 전부터 하락에 대한 시장구조(Market Structure)가 생성된 것을 볼 수 있다. 여기서부터는 하락이 시작될 시그널이라고 생각해볼 수 있다.

따라서 4시간봉 수평레벨을 작도했을 때 이 수평레벨에 다시 리테스트할 때 (우측 부분)에서 숏 포지션을 시도해볼 수 있다. 이미 무너진 시장구조를 다시 한번 뚫고 올라갈 시도를 하는 것인데, 이 구간 동안 양의 거래량이 충분히 높게 계속 나오지 않는다면 올라가기 쉽지 않을 수 있기 때문이다.

02 / OBV(On Balance Volume)란?

OBV는 Joseph Granville이 발명한 지표로, 거래량의 변화로 인해서 시장의 주요 움직임이 나타난다고 예상했다. OBV도 보조지표이고 '모멘텀 지표'라고 해서 다이버전스를 확인할 수 있다. 모멘텀 지표라고 하면 RSI, MACD, Stochastic, CVD 등이 있다. 필자는 여러가지 지표들 중에서 자주 참고하는 보조지표가 정해져 있다. 무엇인지는 이 책을 잘 읽어보면서 파악하기를 바란다. 우선 OBV는 자주 참고한다. 늘 그렇듯 OBV도 단독으로 사용하는 것은 추천하지 않고 다른 기술적 분석(TA)와 병행(Confluence)하여 사용해야 한다.

그렇다면 OBV는 무엇일까?

바로 누적 거래량을 말한다. 누적 거래량을 통해 가격의 흐름을 예상하는데 도움을 줄 수 있다. 가령, 추세가 생성되었을 때 OBV(누적 거래량)을 보면서 추세의 신뢰도를 확인할 수 있다. OBV의 계산방법은 다음과 같다. (하루 전날의 OBV를 Previous OBV, 즉 pOBV라 한다.) 오늘 가격 종가를 그 전날 가격 종가와 비교하면서 3가지 케이스로 나눈다.

❶ 오늘 가격 종가마감이 어제 가격 종가마감보다 높을 때

$$OBV = pOBV + 오늘\ 거래량$$

❷ 오늘 가격 종가마감이 어제 가격 종가마감보다 낮을 때

$$OBV = pOBV - 오늘\ 거래량$$

❸ 오늘 가격 종가마감이 어제 가격 종가마감과 같을 때

$$OBV = pOBV$$

오늘과 어제, 즉 일봉으로만 확인하는 것은 아니고 모든 타임프레임에서 OBV를 확인할 수 있다. 다른 모멘텀 지표와도 같이 OBV도 4시간봉 이상에서 유의미한 신뢰도를 갖는다

예를 들어보자.
첫날 가격 종가가 40000불, 볼륨은 1M이다, OBV는 첫날 기준으로 0이다.
둘째날 가격 종가가 40500불, 볼륨은 1.2M이다. OBV는 0+1.2M이다. (첫날 가격 종가보다 둘째날 가격종가가 높기 때문)
셋째날 가격종가가 40000불, 볼륨은 0.8M이다. OBV는 1.2-0.8=0.4M이다.
넷째날 가격종가가 40000불, 볼륨은 0.6M이다. OBV는 0.4M이다. (가격종가가 어제오늘 같기 때문)

이렇게 볼 때 OBV는 가격이 상승하면 누적거래량이 더해지고, 가격이 하락하면 누적거래량에서 차감되는 식으로 만들어진다는 것을 알 수 있다.

가격이 상승할 때 OBV도 상승하고 있다면 추세의 신뢰도는 높아진다.

그리고 가격이 하락할 때 OBV도 하락하고 있다면 이 역시 하락추세의 신뢰도도 높아진다.

이번에는 다이버전스도 알아보자.

다른 모멘텀 지표의 다이버전스와 동일하게 생각하면 된다. 가격이 상승하고 있지만 OBV지표는 하락하고 있다면 추가되는 거래량이 감소하고 있다는 뜻에서 추세 전환을 예고하는 신호로 받아들일 수 있다.

가격이 상승할 때 OBV는 하락한다면 가격은 이후 하락(Bearish)할 가능성이 높다.

마찬가지로 가격이 하락할 때 OBV는 상승한다면 가격은 이후 상승(Bullish)할 가능성이 높다.

OBV 다이버전스를 주로 확인하면서 매매에 참고하면 좋다.

필자도 잘 참고하는 다이버전스이다. CVD를 잘 참고하지만 OBV지표 역시 다이버전스와 차트의 흐름을 파악하는데 유용한 툴이라고 판단한다.

03 / 매우 강력한 VPVR (Volume Profile Visual Range)

이번에 볼 내용은 VPVR이다. Volume Profile이란 쉽게 말해 매물대를 의미한다. 그리고 Visual Range라는 것은 말 그대로 시각적으로 보이는 Range를 말한다. (트레이딩뷰에서는 VPVR은 무료 버전에서는 이용하지 못하는 기능이다. Coinalyze 사이트를 보자) VPVR은 한마디로 거래량으로 박스권을 만든다고 생각하면 편하다.

전체 시장은 Range와 추세(Trend)로 이루어져있다. 전체 시장의 70~80%는 Range로 이루어져 있고 나머지 20~30%는 추세장이다. 사실 엄밀히 말하면 추세 역시도 Range의 연속이라고 보면 된다. Range가 뚫리고 상승한다고 하면 상승 후에 다시 Range가 진행되고, 이것을 다시 뚫고 올라가면 또 Range가 진행된다. 이것이 크게 봤을 때 추세로 보일 뿐이다. 그렇기 때문에 Range를 잘 활용해서 매매를 할 수 있다면 엄청나게 수익을 창출할 수 있다. 이 거래량으로 보는 Range는 가격으로 보는 Range(예를 들면 수평 채널)보다 더 신뢰도가 높다고 판단한다.

필자는 VPVR을 Trading Lite나 Coinalyze를 통해 확인한다.

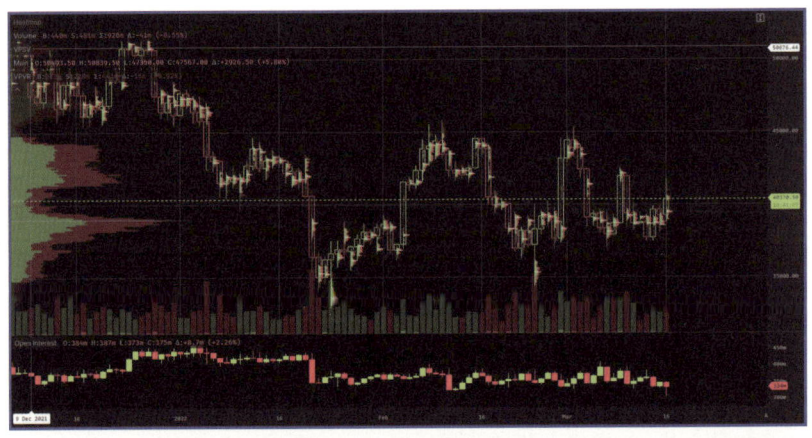

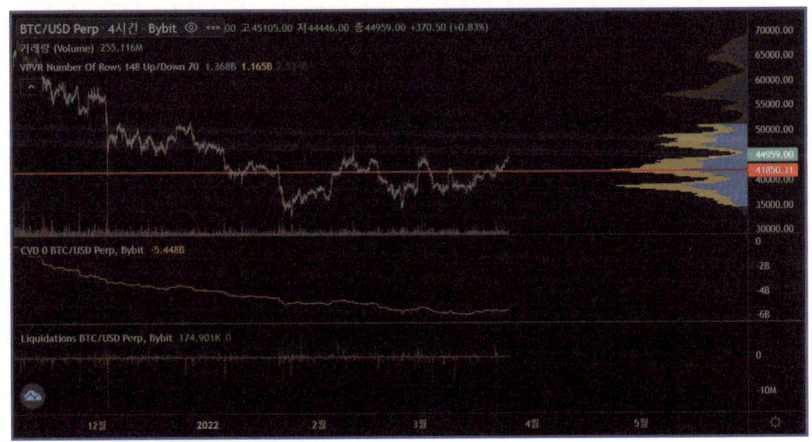

Trading Lite의 좌측, Coinalyze의 우측에 매물대가 VPVR이다. 자세히 보면 전체적으로 다 밝은 부분이 아니라 상단과 하단은 어둡고 중간 부분만 밝다. 이 부분이 Visible range이다. 위에 어두운 부분이 중요하지 않은 것은 아니다. 다 중요하지만 특히나 밝게 표시되어 있는 부분이 있다는 것은 지지와 저항의 의미가 있다고 생각하면 된다.

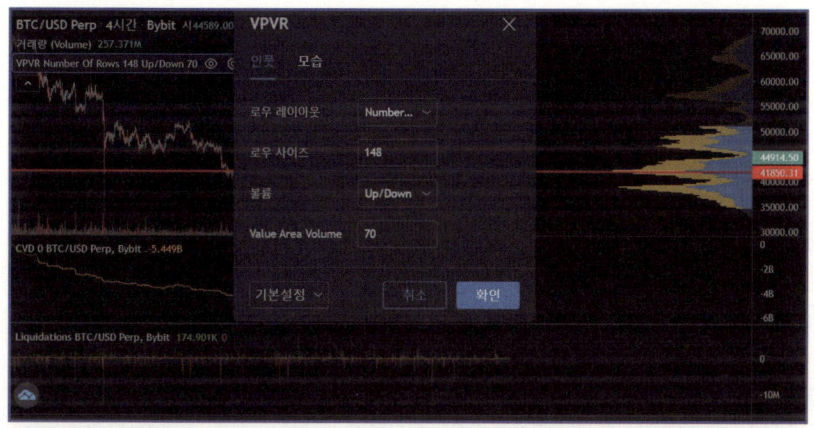

VPVR의 설정은 위와 같다. Row Size(로우 사이즈)는 140~150, Value Area Volume은 그냥 그대로 70으로 설정하자. 필자는 Row Size=145~150, Value Area Volume=70으로 설정한다. 꼭 굳이 따라할 필요는 없다. 자신만의 설정하는 방법이 있다면 그대로 해도 된다.

Visible Range에서 주의깊게 볼 것은 3가지이다.

① VAH(Value Area High)

Visible Range에서 가장 상단 라인.

② VAL(Value Area Low)

Visible Range에서 가장 하단 라인.

③ POC(Point of Control)

가장 거래량이 많은 라인

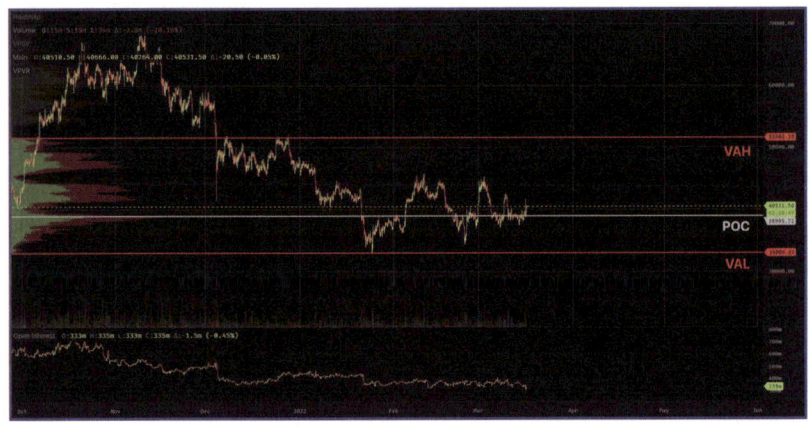

VPVR로 구성된 Range 내에서 가격대가 움직이는 것을 알 수 있다. 이 Range 안에서 VAH에서는 숏(매도), VAL에서는 롱(매수)로 접근한다. POC는 해당 구간에서 거래량이 가장 많았던 가격대이기 때문에 이 자체만으로 지지와 저항으로 쓰인다.

VAH와 VAL을 기준으로 채널(Channel)을 그리면 중간라인(Mid-line)이 있는데, 이 라인은 새로운 포지션을 들어간다기보다는 상단이나 하단에서 들어간 포지션을 익절하는 용도로 쓰면 된다.

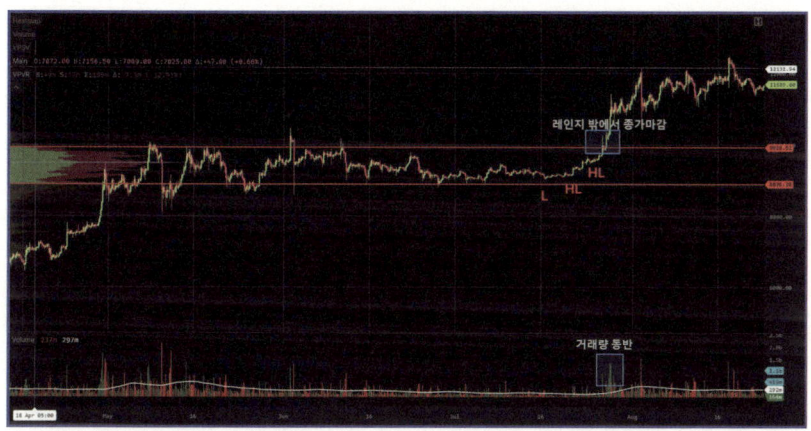

VPVR을 확인했다면, 위 차트와 같은 상황이 있는지 체크해보자.

① 레인지 상단을 계속 터치. 4번 이상 터치하면 상단 저항매물대는 소모된다.

② 레인지를 이어오다가 저점부터 HL을 높여나가는 상승구조가 만들어지는지.

③ 레인지를 뚫었을 때(Breakout) 레인지 밖에서 종가마감을 하는지.

④ 레인지를 뚫었을 때 평균거래량보다 더 높은 거래량이 나오는지.

이 4가지 조건들이 맞았을 때 레인지 상단을 뚫고 올라갈 수 있는 확률이 높아진다. (※ 주의 : 상승구조를 만들고 레인지 상단을 뚫기 전후로 강한 휩소가 등장할 수 있다)

반대로 하락할 때도 마찬가지다.

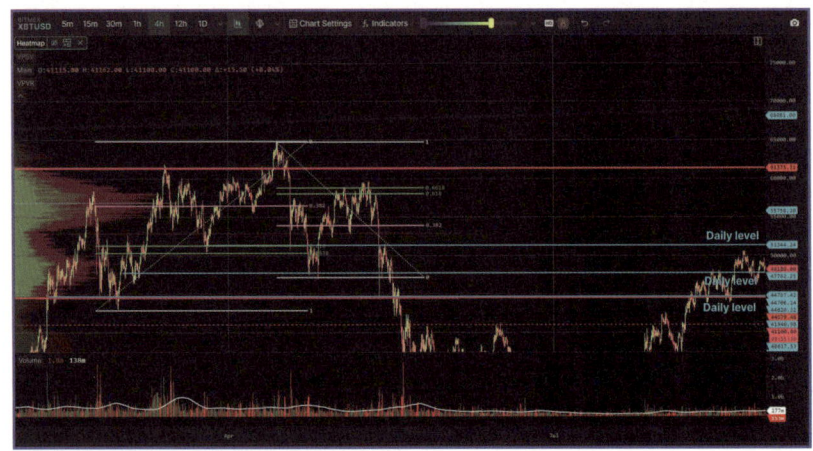

어느 기술적 분석과 마찬가지로 VPVR 역시 HTF상의 수평레벨(Horizontal Level), 피보나치, 다이버전스 등과 함께 쓰면 레인지매매하기에 훨씬 수월할 것이다.

위의 차트를 길게 보고 따라해보길 바란다. 추가로 오더블록이나 패턴도 있는지 확인하자.

04 / VPFR(Volume Profile Fixed Range)의 비밀

이번에는 VPFR을 소개한다. Fixed Range Volume Profile의 약자이다. 위에 VPVR과 비교하면 VPFR은 내가 스스로 범위를 정할 수 있다. 그래서 Fixed range라고 한다.

내가 설정하고 싶은 만큼 설정하면 다음과 같은 매물대가 설정이 된다.

이 안에서도 VAH, VAL, POC를 찾을 수 있다. VPVR보다 조금 더 심화된 버전이 VPFR이라고 보면 된다. 다행히 트레이딩뷰에서 VPFR은 무료버전에서도 사용이 가능하다.

VPVR에 이어서 계속해서 Volume Profile에 대해서 설명하고 있는데 거래량이 그만큼 중요하며 거래량을 잘 이해하고 파악하고 있는 것은 나의 트레이딩 엣지(Trading Edge, TE)를 보다 정교하게 발전시킬 수 있다. 트레이딩을 하다보면 나만의 엣지를 찾으라고 한다. 엣지라는 것은 나만의 전략으로 최대한 확률이 높은 전략을 찾는 것이다. 수많은 전략들 가운데 확률적 우위가 높은 전략을 찾았다면 나만의 트레이딩 엣지를 찾은 것이다.

VPFR을 한번 사용해보면 알겠지만 어디서부터 어디까지 범위를 설정해야 하는지 감이 잘 안올 것이다. 문제는 정답이 없다는 것이다. 이것은 그저 연습하고 하다보면 자연스럽게 자신만의 방법을 찾게 된다. 필자는 어떻게 VPFR을 사용하는지 알려드린다.

먼저, VPFR의 설정은 처음에 Row Size가 24로 되어있을 것이다. 이것을 다음과 같이 수정하자.

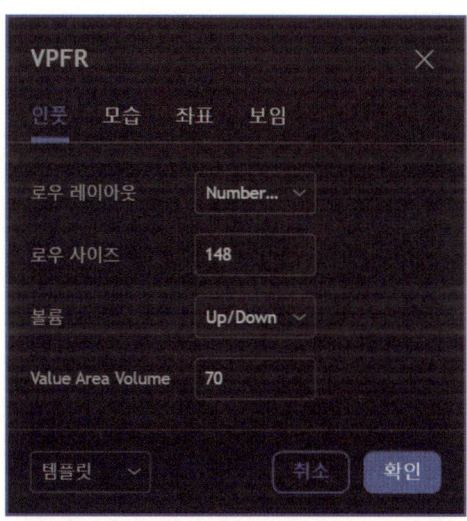

Row Size(로우 사이즈)는 140~150, Value Area Volume은 그냥 그대로 70으로 설정하자. 필자는 Row Size=148~150, Value Area Volume=70으로 설정한다.

이 역시도 자신만의 설정이 있다면 따라하지 않아도 된다.

VPFR은 왜 필요할까?

Fixed Range의 장점을 활용해야 한다. 내가 필요한 범위만큼 설정할 수 있다면 매수 또는 매도가 많이 이루어진 구간을 선택할 수 있다. 그렇게 되면 이런 장점이 있다.

이전에 매수 또는 매도가 많이 이루어진 구간(range)이었지만 구간 돌파 후 현재는 이 구간이 아직 테스트되지 않았을 때 다시 그 구간으로 돌아온다면 그 구간의 POC에서 지지 또는 저항이 있을 확률이 높다. 쉽게 차트를 보자.

위 차트에서 왼쪽에 큰 하락 후 다시 하락이 있기 전까지 횡보(Consolidation) 구간이 있었다. 이 구간에서는 분명히 매물이 많이 쌓였을 것이다. 이 구간에서 Fixed Range Volume Profile을 적용하면 POC를 확인할 수 있다. 이 POC로 다시 차트가 회귀해서 돌아오면 저항이 되는 것을 확인할 수 있다. 한가지 더 확인할 수 있는 것은, VPFR의 Visible Value Area의 최고점(VAH), 최저점(VAL) 또한도 파악할 수 있는데, 이 지점도 좋은 지지와 저항으로 쓰인다.

한가지 더 중요한 것은 만약 POC와 VAH(or VAL)이 서로 가까우면 그 중간 평균 라인이 또한 지지나 저항으로 작용한다.

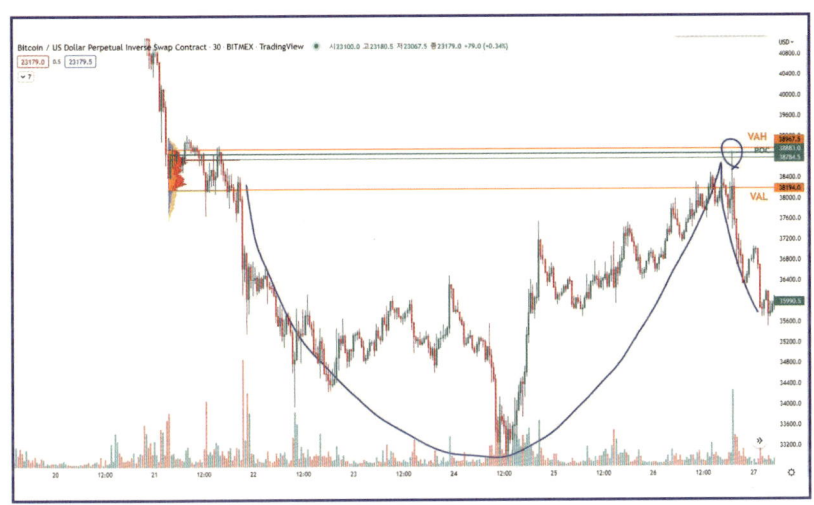

위 그림처럼 녹색 라인이 POC와 VAH의 평균이다. 이 라인도 적절한 저항으로 쓰였다.

VPFR은 모든 프레임에서 사용가능하지만 특히나 HTF(4시간봉 이상)에서 사용하기 용이하다. 또한 LTF에서는 15분봉이 훌륭하다.

 TIP

VPFR의 POC는 처음 터치한다면 가장 강한 지지나 저항으로 쓰이지만 많이 터치할 수록 약해진다. 소모되기 때문이다.

VPFR은 어떻게 그리는 것이 좋은지 필자의 방법을 알려준다.

먼저 첫 시작점과 끝점은 어디에서부터 어디로 설정할까?

시작점은 레인지가 시작되는 지점으로, 상황에 따라 다양한 방법을 취한다. 큰 상승이나 큰 하락이 있은 후 Consolidation(횡보)이 진행된 구간이 있다면 이 구간이 VPFR이 된다.

큰 상승 후 Consolidation이 있다면 장대양봉 이후 캔들(위꼬리가 길면 더 좋다)부터 시작해서 Consolidation이 끝나는 지점, 즉 형성한 Range를 깨기 직전캔들까지가 VPFR의 구간이다.

이더리움 차트이다. 큰 상승 후 캔들부터 Range를 돌파하기 전까지의 캔들까지 VPFR을 적용했다. 그 결과는 다음과 같다.

처음 POC에 터치한다면 훌륭한 지지가 된다.

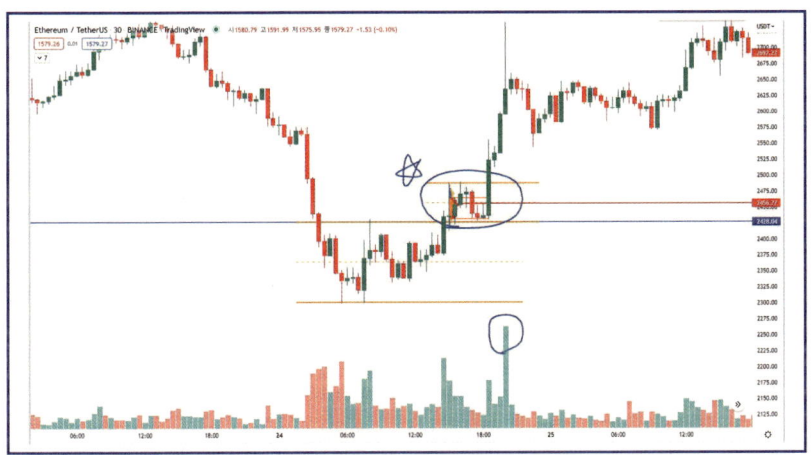

다른 예시이다. 하락 후 Range Consolidation(구간 횡보)가 있은 후 구간 고점을 다시 리테스트(Retest)하는 Range Consolidation이 있었다. 그리고 거래량이 터지는 큰 상승이 출현했다. 이 경우 리테스트하는 Range에서 VPFR을 적용하고 POC를 확인해보면

다음과 같이 첫 터치일 때 지지고 기능을 했다. VPFR을 적용하는 두번째 방법이 이것이다. 이전 Range 고점(또는 저점)을 리테스트하는 두번째 Range 후 큰 상승 또는 하락이 있다면 그 두번째 Range에서 VPFR을 적용하면 된다. 이 역시 레인지가 깨지기 직전 캔들까지 범위를 설정해주면 된다.

이렇게 레인지가 만들어지는 움직임이 시작되는 캔들부터 레인지를 돌파하기 전 캔들까지 범위를 설정하면 된다.

결과는 다음과 같다.

VPFR의 POC를 활용하는 방법에 대해 살펴보았다. POC는 첫 터치일 때가 key level이다.

하지만 어떤 기술적 분석이든 마찬가지로 Confluence가 중요하다. 피보나치, Daily, Weekly, Monthly 등 수평레벨, 패턴 등과 함께 활용해야 한다.

VPFR을 사용해보면, 위 차트와 같이 Invisible Range라고 해서 색깔이 어두운 구간이 있다. 여기는 거래량이 많지 않고, 그 안에서도 거래량이 높은 구간과 낮은 구간 사이가 완만하게 모양이 나오면 이 구간은 매물대가 비어있는 구간이다. 따라서 이후에 상승할 때 장대양봉이 나오기 쉬운 구간이 된다.

05 / 세션 볼륨(Session Volume) 완전정복

세션 볼륨은 1일 간격마다 매물대를 볼 수 있는 기능이다. 어제 세션 볼륨의 POC와 VAH, VAL은 오늘 지지와 저항으로 쓰일 가능성이 높고 오늘 세션 볼륨의 POC, VAH, VAL 역시 내일의 지지 또는 저항이 될 수 있다. 따라서 데이 트레이더들에게는 중요한 기능이다.

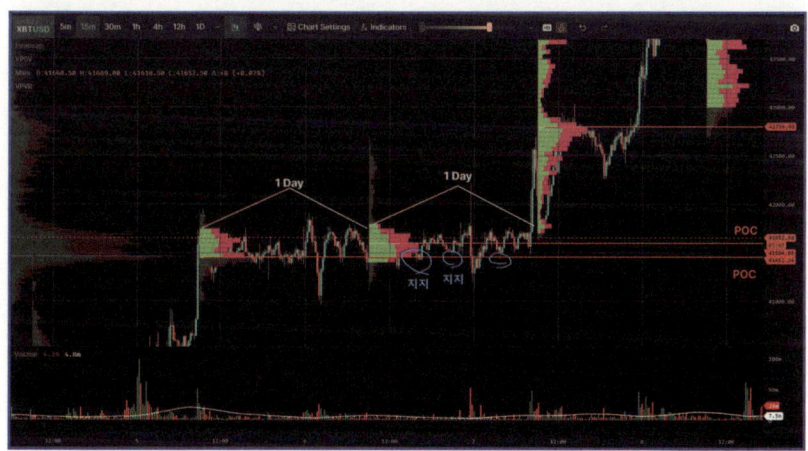

1일 간격으로 매물대가 표시된다. 위 차트에서 보는 바와 같이 전날 Session Volume의 POC는 다음날의 지지가 된다.

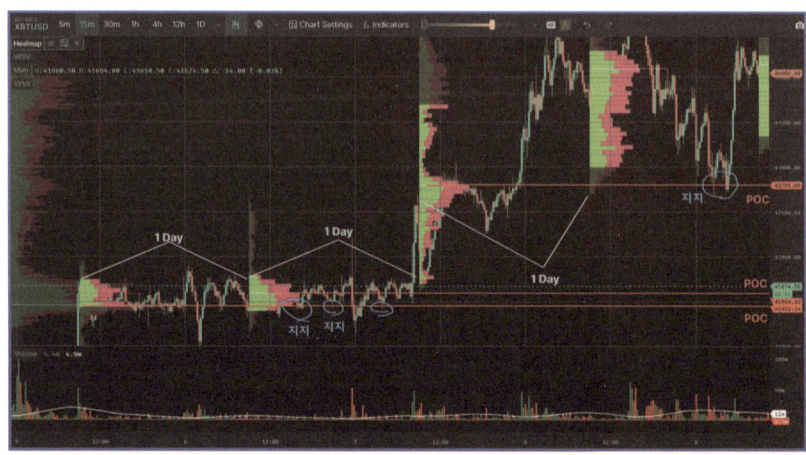

위 차트에서도 보다시피 그 다음날의 POC가 그 다음날의 지지로 사용되었다.

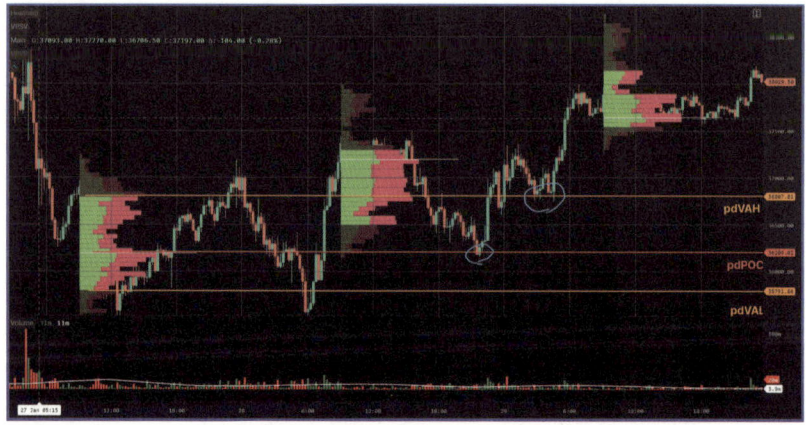

전날 Session Volume의 POC는 Previous day POC(=pdPOC), VAH는 Previous day VAH(=pdVAH), VAL은 Previous day VAL(=pdVAL)이라고 한다. 위 차트에서는 pdPOC 와 pdVAH는 다음날 지지로 사용되었다.

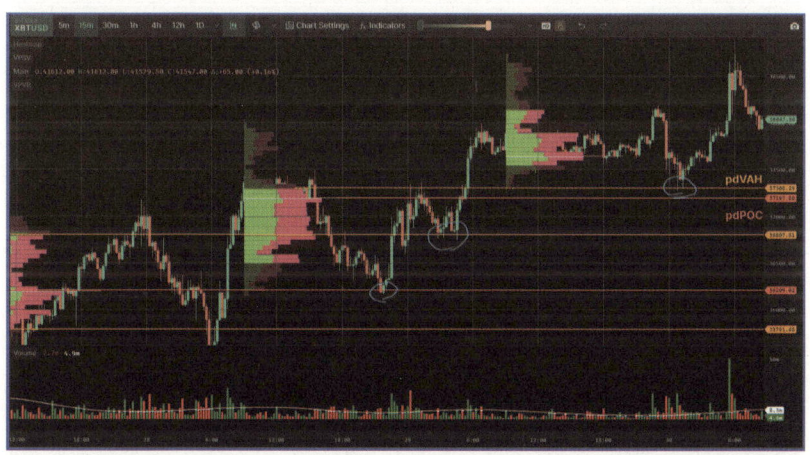

그리고 그 다음 날이다. 역시 VAH가 지지로 사용되었다.
Session Volume을 활용한 팁을 몇 가지 알려드리겠다.

① 양봉 거래량이 많이 나온 Session Volume이 출현한 후 가격이 VAH에 닿으면 POC에 다시 내려올 확률이 높다. 그리고 POC에서 다시 VAH로 반등하면 VAH 를 뚫고 고점으로 더 많이 상승할 가능성이 높다. (※주의 : 거래량이 많이 안 터진 Session은 가짜 상승(Fake Bullish)일 수 있다.)

● 예시 1 ●

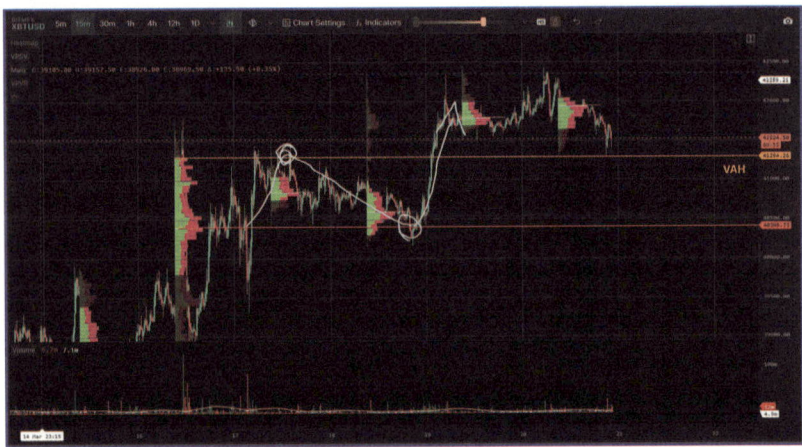

● 예시 2 ●

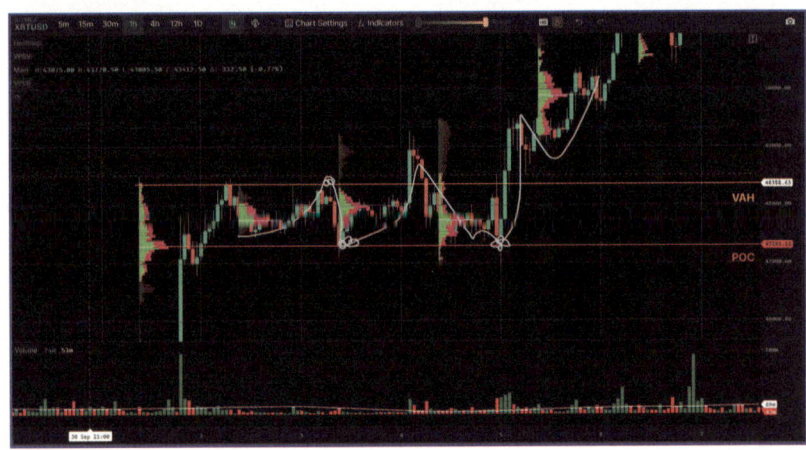

❷ 가격이 전날 VAH(=pdVAH)를 돌파하고 pdVAH 위에서 하락패턴(Bearish Pattern, Distribution Pattern)이 출현한 이후 하락하여 pdVAH 밑으로 내려오고 다시 POC에서 반등해서 pdVAH에 닿았는데 뚫지 못하고 내려오면(=reject) 매우 높은 확률로 pdVAL로 내려간다.

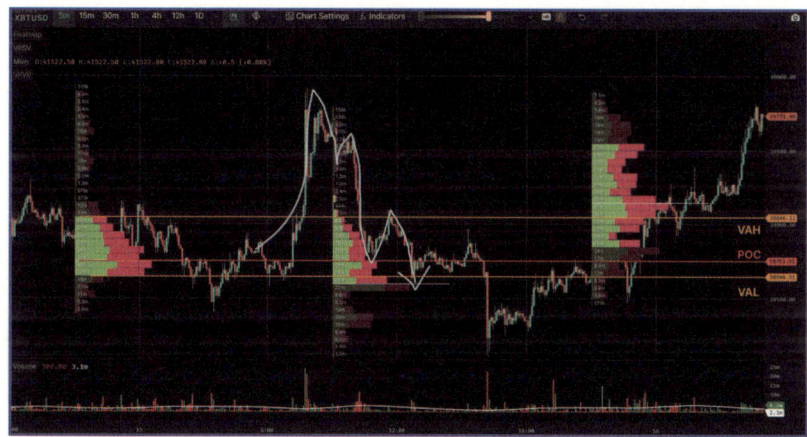

분명히 잘 찾으면 매우 좋은 전략으로 활용할 수 있다.

06 / Naked POC

Naked POC(=nPOC)는 Session Volume의 활용법 중 하나로 전날이나 또는 이전 Session Volume의 POC 중에서 현재 가격이 아직 터치하지 못한 POC이다.

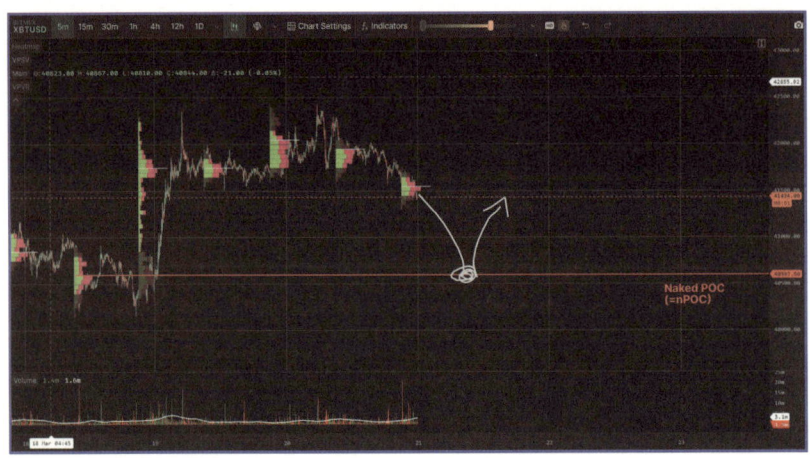

주로 스윙트레이딩을 하는 트레이더들에게 유용하다.

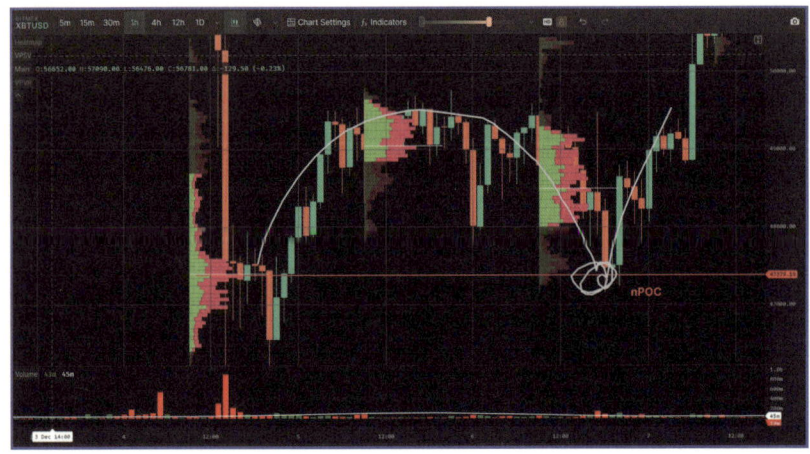

지난 차트에서의 nPOC이다. Naked POC는 모두 반등의 가능성이 높은 level이다.

 Naked POC는 매도의 거래량이 높았던 구간 중 하나이다. 그래서 Naked POC 이후 가격을 상승했다가 다시 가격이 Naked POC로 회귀할 때 대부분의 트레이더들이 손해중이었다가 다시 손익분기점으로 바뀌기 때문에 포지션을 종료한다.

숏(공매도)의 포지션 종료는 환매수, 즉 매수물량으로 시장에 들어가기 때문에 반등의 가능성은 높아진다. 즉 Naked POC로의 첫 터치가 가장 강한 지지로 작용한다.

그럼에도 항상 수평레벨(Horizontal level)이나 피보나치 등과의 Confluence(함께 체크)하는 것이 중요하다.

07 / Anchored VWAP는 무엇인가?

VWAP는 Volume Weighted Average Price의 약자이다. 거래량 가중 평균 가격이라고 하는데, 가중치가 부여된 거래량이 반영된 자산의 평균 가격이라고 한다. 말이 어려우니 용어 자체를 이해하려고 하지 않아도 된다.

VWAP라는 지표가 있지만 필자는 Anchored VWAP를 주로 사용한다. Support와 Resistance로 쓰이고 스윙이나 단타 등 모두 사용하기 용이하다. 특히 HTF에서 사용하면 더 신뢰도 있는 강한 라인을 찾을 수 있다. 주로 POC나 피보나치 라인과 함께 Confluence하면 된다.

Anchored VWAP는 고점이나 저점에서 시작한다.

여기에 Anchored VWAP가 있다.

고점을 기준으로 클릭하면 위와 같이 선이 생긴다. 현재 가격은 아래에 있으니 이 라인까지 상승하면 Resistance가 될 확률이 높다.

3월 말 예측한 비트코인 차트는 6월 현재 -62%가 되었다.

이번엔 솔라나 차트를 보자.

Solana 차트에서 Anchored VWAP + Naked POC의 예시이다. 위 전략에 따르면 137~140불 정도에서 저항이 나올 수 있다

3월 말에 예측한 솔라나 차트는 이후 6월 현재 -80%가 되었다.

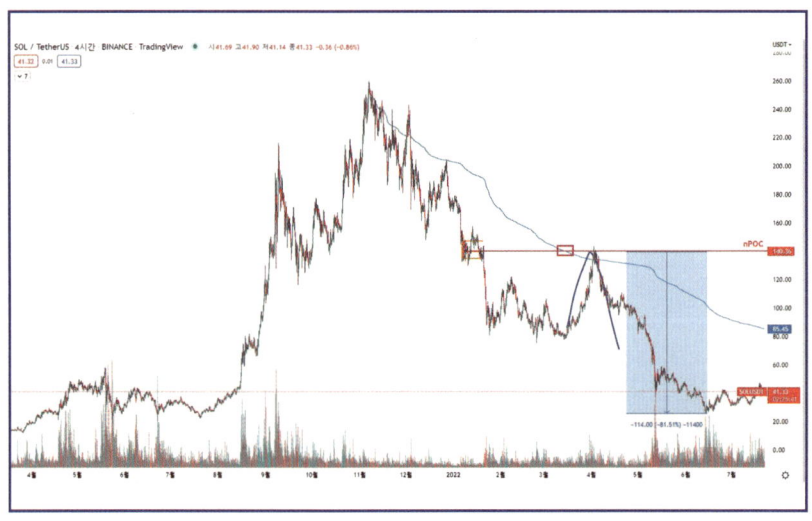

Chapter 7

마치며

사람은 어떤 일을 하든지 배움이라는 것이 필요하다. 배움에는 단계가 있다. 처음부터 능숙하게 하는 것은 세상에 아무것도 없다. 누구든지 다 기초부터 시작하게 되어 있다.

밥을 먹을 때도 어렸을 때 배운 젓가락질을 통해 지금은 편하게 먹을 수 있고 조깅을 하더라도 걷는 것부터 능숙해져야 뛸 수 있는 법이다. 기본기는 매우매우 중요하다. 그리고 나서야 여러가지 자신의 역량에 따라 응용해서 스스로의 방법을 터득할 수 있게 된다.

세상 모든 만사가 이러한데 투자라고 다를까? 가장 기본적인 것은 이 책에서 계속 설명하고 있는 스킬이 아니다. 바로 멘탈적인 부분과 오랜 연습이다. 투자를 오래 한 사람들이 그들의 전략을 믿고 주문을 누를 수 있는 것은 쉬워보이지만 결코 그렇지 않다. 지겹도록 차트를 보고 익절과 손절의 반복을 통해 노하우를 익힌 것이다. 그것은 쉽게 알려주지 않겠지만 알려줘도 단시간에 익힐 수 없는 것이다. 경험을 바탕으로 한 그 사람만의 고유한 기술이기 때문이다. 이 책을 보시는 많은 분들도 각자가 투자에 대한 경험이 다를 것이라 생각한다. 어떤 사람은 처음 시작하는 분도 있을 것이고 또 어떤 사람은 몇 년 이상의 투자경력을 가지고 계신 분도 있을 텐데 내가 아직 부족한 것 같다면 다시 한번 기초로 돌아가서 기본기를 살펴보는 것도 너무 좋은 방법이다.

이 책에 상당히 많은 것들을 담아냈다. 보시는 분들이 잘 활용한다면 분명히 정말 수익을 많이 얻을 수 있는 자신만의 방법을 찾아낼 수 있을 것이다. 하나의 전략은 아무리 좋아도 70% 이상의 승률을 낼 수 없다. 매 전략마다 반복해서 말한 것은 꼭 Confluence를 잘 활용해서 매매에 임해야 한다. 전체적인 그림을 보고 세부적으로 들어가야 한다. 이 책으로 공부하는 사람들이 돈을 벌었다는 소리를 들고 싶다. 실패는 짧고 리스크가 적어야 한다. 빠르게 자신의 성향에 맞는 매매법을 찾는 것이 시장에서 이기는 방법이다.

시장이 진화하듯이 필자도 늘 지금보다 더 발전하기 위해 공부하고 있다. 나만의 엣지 전략을 찾았어도 수개월이 지나면 시장상황에 따라서 승률이 떨어질 때가 있기 때문이다. 투자를 잘하는 사람이라도 마냥 편하게 돈을 버는 것은 아니다. 도태되지 않기 위해 항상 고민하고 공부한다. 필자가 공부하고 백테스팅을 통해 적용한 전략들을 또한 다른 사람들에게도 공유하고 알리기 위해 여러 창구들을 준비하고 있다.

트레이딩은 언제나 열려 있고 늘 기회의 땅과 같다. 공부하고 준비하기를 바란다.

Appendix

다이버전스(Divergence)

가격과 지표와의 괴리. 가격은 상승하는데 지표는 하락하면 다이버전스. 가격은 그 이후 다이버전스의 이론대로 상승하거나 하락할 수 있다.

델타(Delta)

매수량와 매도량의 합산. 델타가 +이면 매수량이 더 많고 -이면 매도량이 더 많다.

라운드 피규어(Round Figure)

기술적 분석에 의한 지지나 저항대가 아닌 심리적 가격대.
Ex) 비트코인 10만불.

레버리지(Leverage)

내가 가지고 있는 돈보다 더 많은 주문을 할 수 있도록 돈을 빌리는 것. 가상자산의 경우 거래소, 코인, 변동성에 따라 사용가능한 레버리지가 다름.

롱(Long)

공매수. 쉽게 말해 매수포지션. 앞으로 가격이 상승할 것을 기대하며 미리 매수하는 것.

불균형(Imbalance)

특정 가격대에서 매수량과 매도량의 대비되는 차이를 나타냄. 지지대에서 매도 불균형(Selling Imbalance)가 나타나면 상승의 신호가 되기도 하고 저항대에서 매수 불균형(Buying Imbalance)가 나타나면 하락의 신호가 되기도 함.

시장구조(Market Structure)

차트의 구조라고 함. 고점과 저점이 높아지고 낮아지는가에 따라 상승세와 하락세의 강도를 파악할 수 있음.

수평레벨(Horizontal level)

지지와 저항이 되는 수평가격대.

스윙 트레이딩(Swing)

중기 트레이딩. 몇 일에서 1~2주 정도의 시간동안 포지션을 유지할 수 있다.

스탑 로스(STOP LOSS, SL)

현재 가지고 있는 포지션의 손실을 최소화하기 위해 특정 가격에 포지션을 종료하는 것을 말함. 모든 매매마다 다 100% 이길 수는 없다. 따라서 손실은 자연스러운 것이고 필수적이다. 항상 매매할 때마다 스탑로스를 정해야만 한다. 되도록 시스템에서 알아서 스탑 로스를 실행하게 해야만 정신 건강에 이롭다.

스탑 헌트(Stop Hunt)

스탑 로스를 터치하여 포지션을 종료시키는 전략. Liquidation 전략부분을 참고하면 스탑 헌트를 활용할 수 있다.

스캘핑(Scalping)

단시간에 하는 매매. LTF상의 지지와 저항대를 통해 빠르게 진입하고 종료하여 수익을 내는 트레이딩 방식.

숏(Short)

공매도. 앞으로 가격이 하락할 것을 기대하며 미리 매도하는 것.

지지(Support)

가격이 더 내려가지 않도록 방어하는 가격대

저항(Resistance)

가격이 더 올라가지 못하도록 방어하는 가격대

타임프레임(Timeframe)

차트의 시간대. 어떤 시간대를 보느냐에 따라 전략이 달라진다.

헷지(Hedge)

손실을 최소화하는 것. 가령 숏 포지션을 취할 때 반등지점에서 롱 포지션을 오픈하여 숏 포지션의 손실분을 줄여줄 수 있음.

ATH(All-Time-High)

역사상 가장 높았던 가격.

ATL(All-Time-Low)

역사상 가장 낮았던 가격

Confluence

다양한 지표와 전략들을 함께 보는 것.

Consolidation

가격이 수평 Range 안에서 움직이는 것. 가장 이상적인 Range매매가 가능함.

CVD(Cumulative Volume Delta)

누적 볼륨 델타. 델타의 총합. 매수가 계속 많아지면 CVD는 지속적으로 증가하고 매도가 계속 많아지면 CVD는 지속적으로 감소한다.

Footprint

캔들의 틱(Tick)마다 거래에 대한 정보를 확인할 수 있도록 만들어진 것. 과거에 각 가격대마다 체결된 주문량과 강도를 시각적으로 볼 수 있다.

FOMO(Fear Of Missing Out.)

기회를 놓치는 것에 대한 두려움. 가격이 급상승하고 있을 때 수익을 놓치는 두려움으로 고점에서 매수하는 경우가 있을 수 있다.

FUD(Fear, Uncertainty, Doubt)

가령, 하락장에서 더 가격이 내려가서 손해를 보게 되지 않을까 두려워하는 마음으로 성급하게 매도하는 경우가 있을 수 있다.

HH(Higher High)

차트의 고점이 계속 높아지는 것. 상승세의 신호.

HL(Higher Low)

차트의 저점이 계속 높아지는 것. 상승세의 신호.

HTF(High-Time-Frame)

큰 시간대. 필자는 4시간봉 이상의 시간대를 말한다. 항상 먼저 참고하는 시간대이다.

LTF(Low-Time-Frame)

작은 시간대. 1시간봉 이하의 시간대를 말한다. 더 디테일한 타점을 잡기 위해 활용한다.

LH(Lower High)

차트의 고점이 계속 낮아지는 것. 하락세의 신호.

LL(Lower Low)

차트의 저점이 계속 낮아지는 것. 하락세의 신호.

MA(Moving Average)

과거의 가격을 기반으로 나타낸 지표로 트레이더들이 가장 많이 활용한다.

nPOC(Naked Point Of Control)

이전 Session의 아직 터치하지 않은 POC. 첫 번째 터치할 때 지지나 저항으로 쓰인다.

OB(Order Block)

추세를 지속해서 이어가기 전에 반대 캔들을 나타냄. 지지와 저항으로 쓰임.

OBV(On Balance Volume)

+볼륨과 -볼륨의 누적 총합.

OI(Open Interest)

미결제약정. 롱 포지션 또는 숏 포지션이 아직 청산되지 않은 상태. 신규 포지션이 많아지면 미결제약정은 상승. 종료되는 포지션이 많아지면 미결제약정은 감소.

Paper Trading

모의투자. 실투자를 하기 전 전략을 검증할 때 주로 사용함.

pdPOC(previous day Point Of Control)

전날 POC

pdVAH(previous day Value Area High)

전날 VAH

pdVAL(previous day Value Area Low)

전날 VAL

POC(Point Of Control)

특정 구간에서 가장 볼륨이 많았던 가격대. 지지와 저항으로 훌륭하다.

SFP(Swing Failure Pattern.)

추세를 반대로 만들기 위해(Reversal) 주요 고점에서 추가적인 고점(High)를 만들고 하락(마감이 주요 고점보다 아래), 주요 저점에서 추가적인 저점(Low)를 만들고 상승(마감이 주요 저점보다 위)하는 패턴. 미리 예측하기는 힘들지만 출현 후에 마감을 보고 매매에 활용할 수 있음.

S/R Flip

지지대를 뚫고 내려갔을 때 그 지지대로 가격이 올라오면 저항대로서의 역할을 수행한다. 반대로 저항대를 뚫고 올라갔을 때 다시 그 저항대로 가격이 내려오면 지지대로서의 역할을 수행한다.

VAH(Value Area High)

차트에 표시된 볼륨 구간의 Value Area 중에 가장 높은 가격. Value Area는 그 자체로 가격의 Range가 되고 Value Area High는 Range의 저항이 된다.

VAL(Value Area Low)

차트에 표시된 볼륨 구간의 Value Area 중에 가장 낮은 가격. Value Area는 그 자체로 가격의 Range가 되고 Value Area Low는 Range의 지지가 된다.

VWAP(Volume Weighted Average Price)

가격과 볼륨을 통합한 개념. 가격이 VWAP 위에 있으면 평균 Value보다 위에 있고 아래에 있으면 평균 Value보다 아래에 있다고 말할 수 있음. 지지와 저항으로 쓰인다.

패시브인컴시대의
가상자산 투자전략

1판 1쇄 펴낸날 2022.08.01

지은이 장민, 이재경

출판사 ㈜에이비비

기 획   it.cg 기획부

편 집   한지혜

디자인 한지효

주 소   서울시 서초구 강남대로 365, 1709호

전 화   02-523-8885

팩 스   02-6008-0515

이메일 info@blockchaintoday.co.kr

[책 내용 문의]

도서내용에 대하여 궁금한 사항이 있으시면 저자의 이메일로 문의 바랍니다.

저자 이메일 - 장민 : minijang@bilibit.io

　　　　　 - 이재경 : worud1010@bilibit.io

이 책은 저작권법에 따라 보호받는 저작물이므로 무단 전재와 무단 복제를 금지하며, 이 책 내용의 전부 또는 일부를 이용하려면 반드시 저작권자와 ㈜에이비비의 동의를 받아야 합니다.

* 잘못된 책은 바꿔 드립니다.

* 값은 뒤표지에 있습니다.

ISBN 979-11-978048-2-3